智造展览

博物馆馆长讲博物馆 ②

中国博物馆协会博物馆管理专业委员会 / 上海博物馆 编

北京大学出版社
PEKING UNIVERSITY PRESS

目录

005　把壮美的紫禁城完整地交给下一个六百年
　　　故宫博物院　单霁翔

019　鼎盛中华——中国鼎文化展
　　　河南博物院　田凯

033　创新与发展：我国当代博物馆事业的主题词
　　　国家文物局　段勇

045　历史与艺术并重：中国国家博物馆的展览
　　　中国国家博物馆　陈履生

057　承接历史，续写新篇——河北省博物馆新馆建设与展览
　　　河北省博物馆　刘栋

079　苏州博物馆：苏州城市精神的践行者
　　　苏州博物馆　陈瑞近

091　博物馆原创性展览的探索和实践
　　　浙江省博物馆　陈浩

107　长沙窑瓷的收藏与展示—展览的教育视角
　　　湖南省博物馆　李建毛

121　"一院六馆"　全新出发
　　　南京博物院　龚良

135　发现霸国
　　　山西博物院　石金鸣

149　博物馆如何创造魅力：台北历史博物馆的做法
　　　台北历史博物馆　张誉腾

把壮美的紫禁城完整地交给下一个六百年

单霁翔　故宫博物院

每个博物馆都有各自不同的发展路径和特点，故宫博物院的特点，主要体现在三种文化资源上。

第一种资源是馆舍及开阔的格局。故宫是世界上最大的木结构宫殿建筑群。在北京，有 7.8 公里清晰的轴线，故宫在这条轴线上占有重要位置。一般城市的中心都是金融区或重要地段，但北京越到城市中间越平缓开阔，形成像盆一样的城市格局，很重要的原因是有故宫的存在。

故宫拥有壮美的建筑、严谨的形制、绚丽的彩绘、生动的空间。故宫的彩绘是古代建筑中最高等级的。故宫中的很多空间都具有意义，经常有电视剧讲到皇帝上早朝，坐在金銮宝殿上，其实不正确。明代的皇帝上早朝，是在太和门的门洞里，清代的皇帝上早朝是在乾清门的门洞里，并非舒服的事情。故宫的色彩也很独特，这种美不是油彩画上去的，而是时代的印迹刻画上去的。故宫这独特的色彩、典雅的园林、丰富的景观以及轴线天际线给城市带来的美感，本身就是一个和谐的环境。这是一种文化资源，其实今天进故宫的很多人是来看古建筑群的。（图1）

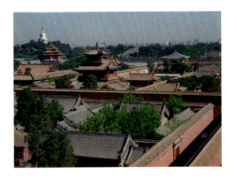

图 1.1　从隆宗门望故宫西北角全景

第二种资源是文物藏品。故宫的文物藏品，过去介绍时都说有将近一百万件。过去七年，故宫人做了非常详细的藏品清理，把每一件实物和档案都一一对应，得出了 1807558 件/套的数据，分成 69 小类，归纳为 25 大类。

图 1.2　雨花阁外景

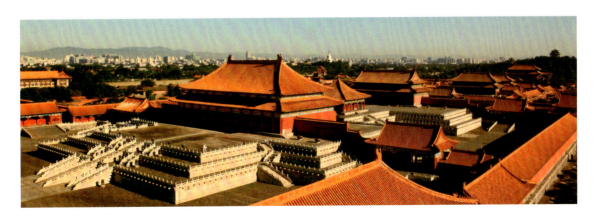

图 1.3　太和殿三台全景

本文根据 2013 年 5 月 24 日故宫博物院院长单霁翔在上海博物馆的讲座整理。

图 2　千里江山图

图 3　中秋帖

图 4　伯远帖

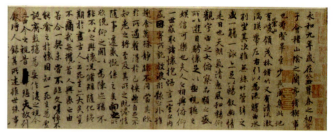

图 5　兰亭序

图 6　"走进御书房——故宫博物院珍藏清代宫廷文房用具特展"展厅

绘画有 53000 幅。比如《千里江山图》（图 2）在过去的 80 年从来没有展开过，之前担心可能会出现问题，所以非常慎重，但是在三年半前试图展开它时发现还是比较健康的，所以在迎接国家大庆的时候进行部分展出。大家知道书画类藏品展出一次要休息三年，三年过去了，2013 年 5 月 17 日武英殿书画展整幅展出了《千里江山图》，这次展出的 70 幅书画中，国宝级的文物较多。故宫藏书法作品一共 75000 件，其中 40000 件是尺牍，包括《中秋帖》（图 3）《伯远帖》（图 4）《兰亭序》（图 5）等，还有 28000 件碑帖。故宫的碑帖时代较早，名山大川的碑帖收集得很多，其珍贵之处在于因风化和战争等原因，过去的摩崖石刻大多已经残损或者消失，但是它们珍贵的信息被保存在了博物馆里。我们有 160000 件铜器，其中的青铜器不同于作为使用品的瓷器，青铜器当年就是帝王的收藏品，年代较早，很多是商周出土的。有 11000 件金银器，19000 件漆器，6600 件珐琅器，这些传世品的品相都很好。有 32000 件玉石器，玉石器有的年代比较早，比如龙山文化、良渚文化，甚至更早的凌家滩文化。有 11000 件雕塑，各种材料制成的。陶瓷数量计 367000 件。还有 180000 件织绣，有成衣也有半成品，所谓半成品就是基本成型，但还未根据皇帝皇太后体型来进行细加工。有 11000 件雕刻艺术。还有 13000 件其他工艺品。68000 件文房四宝，这个数量也很大。故宫最近在安徽办了一个展览——"走进御书房"（图 6），这些文房四宝所组成的展览专题非常漂亮。还有独特的一类展品就是生活用具，皇宫里人们生活使用的东西，比如皇帝狩猎时候用鹿角做的椅子（图 7），库房中有四把大致一样的。还有两百年前的普洱茶砖（图 8）。故宫还有仪器仪表 2800 件，其中 2200 件西洋钟，最近因为"打钟事件"很受关注。从收藏数

图7　鹿角椅

图8　普洱茶砖

图9　西洋钟表

图10　圆明园中路烫样

量来说，欧洲博物馆收藏的西洋钟都没有故宫收藏的多。宗教文物也是比较独特的大项目，一共42000件，其中藏传佛教文物将近39000件，占80%左右，如唐卡、祭法器、佛造像都是比较全的，来自尼泊尔、克什米尔、印度、蒙古这些周边国家和地区的也很多。卤簿仪仗，是大典、盛典时候使用的一些装饰和烘托气氛的用具，一共33000件。帝后玺册、玺印有5060枚，最大的一枚是乾隆皇帝85岁退位时，刻的一方和田玉玺印。铭刻是比较重要的，有文字的文物可能比没有文字的文物要重要一些，因为它们述说着远古的历史。比如，十面石鼓是国宝中的国宝，出土于宝鸡地区，历经沧桑最后到了故宫。还有甲骨，有20000片左右。故宫还有一个特点是收藏的外国文物比较多，除了之前说的西洋钟表（图9）外大概还有上万件。因为中西文化交流，过去有一些皇帝喜欢西洋的东西，派人去购买。还有外国人在皇宫里任职，比如来自于德国科隆的传教士汤若望，曾经担任过二品官员，所以督造监造了很多这类的文物。其他文物有40000件，很多是建国以后的礼品。还有古籍善本600000件，其中240000件是刷印的书版，220000件属于孤本。最后一类是古建藏品，即故宫修缮和修建时供帝王审阅的烫样，也就是建筑模型，比如圆明园的烫样（图10），因为后来圆明园烧毁了，烧毁以前的建筑模型就很珍贵。这是我们的第二个资源，也就是文物藏品。

　　全国的文物分为可移动文物和不可移动文物，民间收藏不计其数也难以统计，国有馆藏大致知道数量。国有馆藏里面分为珍贵文物和一般文物，珍贵文物又分成一级、二级、三级，全国有401万件珍贵文物，故

图 11　故宫的观众

宫保管 168 万件，占全国珍贵文物的 41.98%。并且故宫定级较严格，我们定为一般文物的在中等城市的博物馆有时候会被定为珍贵文物。

第三种资源是观众资源（图 11）。观众很可爱，但也给我们很大压力。故宫的观众增长很快且还在持续增长。2002 年观众人次 413 万，2012 年增长到 1530 万，世界上只有这一座博物馆观众数量超过一千万，卢浮宫也只是接近一千万。参观故宫的观众 90% 都是目不斜视，一直沿着中轴线往前走，一心想看皇帝坐过、躺过的地方和皇帝的花园，然后就直接离开了，但即便这样也要花一个多小时。故宫主轴线两侧有四十多个展览常被忽视，很多人抱怨没有看到那些书画、陶瓷藏品。展馆分散是我们的一个弱项，不能像台北故宫、上海博物馆那样展厅那么集中。

故宫今天是个"老人"了，紫禁城已有 592 年历史，再过八年就要迎来六百年，所以我今天的主题就是"把一个壮美的紫禁城完整地交给下一个六百年"，这是我们的故宫梦，也是我们的目标。故宫博物院有 88 岁高龄了，再过两年迎来九十岁生日，再过十二年要迎来一百岁生日，这都是纪念性的年份，我们希望能把工作做得更好。我们一直在努力，郑欣淼院长是第五任院长，他主政的十年我认为是故宫最辉煌的十年，这十年间文物清点基本完成，古建筑修缮大规模开展，故宫也开始逐步收复失地。因为故宫在北京城的中间，没有噪音没有尾气，最多的时候里面有十三个单位，文物局就有七家单位，在国家文物局的配合下，一直到前年，最后一家单位搬离了故宫，之后我也调到故宫来了。2005 年，故宫开始与国际上的博物馆建立战略合作关系，我上任的时候已经与 17 家大博物馆建立了合作，比如卢浮宫、美国大都会博物馆、大英博物馆、艾尔米塔什博物馆等。2009 年，故宫博物院与台北故宫也实现了两馆合作，所以说过去十年，故宫经历了非常重要的发展时期。

面对未来十年要如何发展，我初到故宫进行了调研。首先我走访了故宫的各个部门，故宫有一个扁平的管理结构，有 32 个部处，展览部、宫廷部、科研处、人事处等，我与每个部处进行了两轮讨论。再有，我走访了故宫以外的专家 90 多位，聆听他们对故宫将来要怎么发展的建议。另外，走访环境、走访现状、走访友邻单位。前天我把故宫在紫禁城中的房子走完了，故宫现在有 1 万多间房屋，其中的绝大部分古建筑我都走完了，还有现代的两三千间没有走完。每间房子打开，有时惊喜有时惊奇。现在还有一些问题，比如在非开放区，还有与古代建筑不协调的建筑影响着整个古建筑群的环境，比如有花房、职工食堂、彩钢房等，现在有 58 座易燃的彩钢房很危险，都需要整治。再有，过去装有 13 种管线，现在有 17 种管线，管线越来越多，穿越古建筑，跟古建筑形成复杂尴尬的关系。现在的空调设施，其实也影响故宫的环境和开放。故宫的三层地下库房存了 90 万件文物，由于库房是八九十年代建设的，没有太多考虑到抗震问题，比如虎皮三彩碗是二级文物，但是都一摞摞叠在一起，如果遇到地震就会十分危险；兵马俑、唐三彩虽然有海绵保护，但也不利于抗震。地面库房的保护条件更不好，存在潮湿等问题。比如故宫的家具藏品有十三个库房，共有 60200 件，不是紫檀就是黄花梨，非常珍贵，但是我发现库房里家具的叠放，最高的一个摞到 11 层。比如有的小桌子虽然不起眼，但是在紫檀中镶了一圈和田玉，蓬头垢面没有尊严。室外文物，一千四五百年前的雕塑，今天都很没有尊严，很多库房常年没有人进去过。

还有一些观众的不文明行为，比如嗑瓜子、抽烟的都有，甚至还有导游给外国游客点烟，因而故宫最近禁烟了，毕竟世界遗产里面应该是不允许抽烟的。但我们还有三四百个职工也在抽烟，于是我们找不抽烟的副院长李季来监督，通过各种方法整治。比如资信部80人，古器物部70个人，发现一人抽烟，全部处所有人罚一半防火奖金，抽一根烟就可能有七八十个人被扣掉奖金，抽烟的员工也没法赔给别人，只有通过这样的方法来禁烟。家属们也都特别拥护。我们也抓了许多黑导游、黑票贩，但我们没有执法权，不能拘留也不能罚款，只能跟他们讲道理。当然，贩卖假票的要严厉打击，我们会移交给公安部门。再有就是车辆穿行到观众的人群中，非常不文明，尤其一些外宾的车队直接就开进来了，外国的宫殿像白金汉宫等都不可以穿行，这不仅是对观众现实权益的侵占，也让紫禁城没有尊严，所以我在全国政协提案，今后任何车辆不允许穿入紫禁城开放区，我们的员工率先带头，一年没有车穿行故宫开放区，慢慢地我们也想号召全社会一起来配合。最近德国总理默克尔来参观，也是在午门前面下车走进紫禁城的。这样感觉就像走进一个有尊严的文化场所、文物古迹。现在外交部、公安部与我们达成一致。所以禁烟、禁车现在基本都在顺利地实施。

但是故宫也在不断地出现意外事件，去年有三件事。2012年2月14日，一个唐代铜制的器物座被人移动了20多米，准备拿走，但最后没能成功，因而我们开始加强室外文物的保护。2012年3月12日，弘义阁南区房的展柜冒烟，看展柜的人及时发现并扑救，后来对这类展柜全部召回，并进行统一的检查修理。2012年6月23日下暴雨，值班人员看见大火球直接砸在树上，我去看的时候树已经不幸去世了。

今年2月23日，雕塑库房暖气漏水，幸亏这个屋装的是准备装文物的囊匣。那天是星期五下午，正好我们工作人员要进库房工作，如果再晚一点，星期五下班之后，就会产生很严重的后果。今年的3月21日，御花园堆秀山，太湖石滚落。幸亏是滚在里侧，而不是在外侧。如果是在外侧，可能会伤及观众。所以我们全院的太湖石，现在请江苏南通的古建专家来进行检测和全面加固。再有就是5月4日的翊坤宫打钟事件，就短短四秒钟，肇事者就从外面跑进来，跑到窗户前面，一拳把玻璃打碎，把钟打到地上。其实这种情况真是很难防止的，因为他往玻璃前跑，谁也不能拦，以为他想看文物，但谁知道他伸手了，这个很麻烦。面对这些问题，我们就提出一个口号："把壮美的紫禁城完整地交给下一个六百年"。

最近，故宫的管理范围向南边扩大到了端门，形成了一个长的广场。另外收回的一处在北边，原本被部队借了六十年的大高玄殿。我们南北各多了一块地方，这对于故宫而言很宝贵。这样每天紫禁城五点半闭馆以后，我们还有两个空间可以供市民晚上来参观，还可以照常开放。

故宫现在主要在做这样一些工作。第一，继续修缮古建筑。国务院批准的故宫古建筑修缮时间一共是十八年，现在已经修了十年了。故宫古建筑修缮的意义还在于：在进行修缮之前，我们开放的面积是30%，现在我们能够开放的面积达到了46%，再过八年，当下这一轮古建筑修缮的任务完成之后，我们开放的面积就能够达到76%。故宫的开放面积从30%到76%，就能够容纳更多的观众参观，提升接待能力。在修缮的过程中要最大可能地保护它的历史文化信息，在不改变文物原状的基本原则的同时，加大文物传承力度。对于它的工艺和材料要进行严格监理。比如已经修完的倦勤斋——乾隆皇帝在故宫建了两个花园，一个叫建福宫花园，一个叫宁寿宫花园，倦勤斋是宁寿宫花园第四进院落的北房，也是第四进院落的最后一间房子。房子虽然不大，但是修缮的难度很大，地面是苏州生产的金砖，木材都采用紫檀，上面镶嵌全部都是和田玉，绣品都是双面绣等。围挡是竹黄，过去说竹黄都用来做笔筒，但是这儿竹黄做室内装饰。所有东西都是高档的，但房间很小，乾隆皇帝追求宁静、倦勤，其实用现代话来讲就是一个低调的奢华。修这个房间修了七年，难度非常大。上面有个通景画，画的是紫藤架，但通景画揭下来，下面的装裱材料是用一种特殊植物制作的，这种植物经考证只有在浙江安吉的山区里面出产，后来我们去当地探访以后，发现有一户人家还在用那种植物做纸浆，把我们的样品跟它作比对研究，经过多轮实验，后来成功了，于是还用原来的材料把通景画装裱上。这个修复团队的成员来自很多国家，是做得相当好的一个工程。现在的工程都要科学地进行，每一个工程都要有专门的修缮报告，之前还要有勘察报告、测绘报告等。

第二个是故宫环境综合整治。故宫还有一些建筑由于历史原因不存在了，一般来说不能复建，但对于整体环境影响非常不好的两三处地点，我们经过国家文物局同意还是要给它弥补起来。比如内务府已经没有了，但是内务府下面是我们的地库，上面的环境一直很脏乱，我们准备将内务府按传统的建筑恢复，但是它的体量很小，烘托的周围建筑很高大，这是现状。建好以后，我们的四个部门，器物部、书画部、展览部、宫廷部，在上面工作。它下面是三层地库，这四个部门是最常下地库的人，他们工作起来就很方便。南大库之前一直是建筑材料、五金工具的存放库房，经批准以后把南库的一部分历史建筑恢复。便于让武警进驻，预计总共是250名。现在故宫武警只有150名，所以要把南库恢复后交给他们。现在的驻院武警不负责故宫安全，故宫安全由保卫处负责。武警只负责特勤，每年六百多次的接待，比如外国总统来访；还有就是负责天安门升旗的国旗卫队。

还有我们要加强日常的维修，使古建筑屋顶不长草，在具有沧桑感的同时一定要保持健康。对周边要进行控制，当然这不是故宫一家力所能及的，但我们要进行呼吁，不要来侵占。高楼大厦越逼越近，将破坏我们的整体环境。

第三，实施"平安故宫"工程，确保故宫平安。故宫有一个大修工程，这次我们又向国务院申请批准了"平安故宫"工程。我们编制了详细的文本，去年6月概念初步形成，8月跟国务院汇报，今年上半年获得了批准。该工程保护的对象是三个：17万平方米的古建筑群，180万件文物藏品，以及1500万观众的安全。目前的故宫存在七大隐患，工程目标就是解决这七大隐患：火灾隐患、盗窃隐患、震灾隐患、自然藏品损坏隐患、文物库房隐患、基础设施隐患、观众安全隐患。这些隐患对于故宫的安全时刻构成威胁。比如故宫每年这么多观众，但这么多年没有发生过踩伤、踩死事件，真是很万幸的。但我觉得没有限制也是不行的。因为故宫有高高的台阶，那么多人，万一有人起哄或者孩子打闹，很容易出事。

"平安故宫"工程的目标就是用3年时间，到2015年，也是故宫博物院成立90周年的时候，有效缓解我们存在的重大安全隐患，解决其中最紧迫最危险的隐患点。中长期目标就是用8年时间，到2020年，紫禁城建成六百周年的时候，基本让故宫博物院实现安全稳定的健康状态，全面提高管理和服务水平，迈进世界一流的博物馆行列。

"平安故宫"工程的重点工作内容有七项。

第一是文物库房的改造。故宫的库房，一期是上个世纪80年代建的，二期是上世纪90年代建的。这个库房存在什么问题呢？一个是中间隔了一块土层，所以不连贯，使用起来不方便；再有，出现了一些渗漏，地下库房出现渗漏是非常危险的；第三是过去工程技术使用的是水冷，水冷上面顶着五十多吨的水，也是很大隐患。还有一个令人十分汗颜的事情，就是我们所有的库房，只有一个温度一个湿度，不能调节，只能设置一个温度，不能每个房间进行专门的调节，因此现在只能按最脆弱的书画来设定温度和湿度。所以这次"平安故宫"工程批准我们把中间的土层去掉，把中间填满，已经扰动过的土层要进行检测，再增加六千多平方米，增加后我们地下库房由过去的22000平方米扩展到现在28000平方米。我们希望地下库房保管的文物也能从90万件增加到110万至120万件。我们还要建一个通道，从地下沟通我们文保科技、修复和库房之间的关系。这就是地下三期库房，地上就是将来的内务府建筑。

我最近到台北，看到台北故宫的山洞库房，山洞库房里面保存的基本上都是瓷器。这一库房原本是为备战而建，现在有些也给我们参观了。看了以后我百感交集，因为上面写着"沪XXXX"，就是从上海运到台北的。当时的南迁文物，运了多少呢？冯明珠院长给我们看了账，一共是65万件，现在他们藏品是69万件。65万件文物里善本书籍、清宫档案文献、满蒙藏文文献，大约占了60万件，还有5万件左右是书画、铜器、玉器、杂项、漆器、纺织品等。

"平安故宫"工程的第二项就是基础设施的改造。基础设施改造在故宫是非常难的一件事，因为要穿越古建筑群。我们现在的方案获得了专家的认可，就花了七年时间。首先是解决防火，我们现在三分之二的高压水龙头还达不到要求。第二个问题是市政管线，我们把未来的地下室、办公室、文保部门、武警这些房屋都安排在红墙外。大家知道故宫红墙里面是古建筑群，不进红墙，在红墙外面安排，专家一致赞成。现在我们重要的管线都不进红墙，进入红墙的都是一些细管。这样就把和古建之间的矛盾降到最低。市政管道也不去挖原来的土，即不专门占空间，也不会破坏土层。

第三个就是世界文化遗产监测。故宫是世界文化遗产，所以世界文化遗产监测应该是长期坚持的任务。在这方面故宫也作为全国世界文化遗产的表率，我们率先成立了监测机构，建立文化遗产监测系统，今年就开始公布世界文化遗产报告了，每年出一本，同时上报联合国。比如我们的彩画有不间断的监测和记录，另外如空气质量和视频监测系统，针对库房展厅的温度、湿度、光照度的监测和调控等。

第四项就是故宫安全防范系统。过去老的中控室是我们2011年出事时候的水平，那套设备是1998年建立的，1998年北京市公安局来验收的时候就说，北京市两个大型设施的监控是最先进的，一个是中央电视台，一个是故宫博物院。但是过了十四年故宫出了事，他们过来说，北京两个大型公共建筑的监控室最落后，一个是中央电视台，一是故宫博物院。因为中央电视台要搬到一个新的建筑里面去，所以人家就没有上一套新系统。但是故宫没办法，没地方搬，我们也坚持了十四年，所以就比较落后。去年10月，我们新的系统建成，毫不夸张地说我们是世界最先进的，63块大屏幕一字排开。但是"打钟事件"表明我们的探头还是不够，要增加。美国的波士顿惨案破案很快，破案主要就靠高清的摄像头，能够观察每一个人的行动，乃至一直跟踪到家里。所以故宫应该有这样强大的设施。我们经常举行联合消防演习，配备最强的消防装备，关键是要最适合故宫复杂的地形地貌。

我们不断加强防雷设施。故宫建国以后出现的最严重的古建灾害就是雷击，景阳宫1987年雷击起火，那是唯一一次火灾。再有就是加强日常安全设施的检测和维修。"七·二一"，7月21号北京暴雨，那天晚上我们都睡不着觉，第二天一看确实有漏雨，但是没有漏到展柜上，而是被雨棚完全给隔住了。这些都是需要不断细致化的工作。

第五是文物的防震。华北地区的地震断裂带较多，还曾发生过唐山、邢台地震，所以必须要防震。过去我们的祭法器、珐琅彩器很珍贵，一排排搁着，现在量身打造囊匣、密集柜放起来，在抗震上就比较安全。再有原状陈列的展厅，比如木塔、瓷塔，都做过振动台实验，按实际进行装备，然后逐步把成果推广。对于高耸的建筑，比如外面三层里面四层的佛堂，也做建筑防震实验，一个一个做，来找出问题并研究如何进行抗震，这方面要花很多精力和资金。

第六是观众参观安全。每年不同季节和每天不同时段的故宫观众人数差距都很大。比如冬季是淡季，到了夏天参观人数就开始往上增，像一座山一样，还有两根针，"五一"一根针，"十一"一根针，针头永远都是10月2号。现在的端门广场，以前有很多小商小贩，都进行了清理。原先两边办了很多展览，什么太监展、宫女展、刑具展、武则天展等，乱七八糟，乌烟瘴气，也都清理了。清理之后广场干干净净，古建筑进行修改，用来售票。因为故宫的票不好卖，如果都是一百块钱，我们就摆一排自动售卖机就可以了，但现在是冬天40元，夏天60元，都要找钱。我们只好采取人海战术，三十四个窗口一字排开来售票。观众在去年暑期基本上都能在三分钟之内买上票。不像以前挤在那边一个多小时，还没进去就筋疲力尽了，参观体验非常不好。再有这参观人数，特别堵的地方我们就考虑怎么来解决，比如现在我们提一些路线，在路线的特定地方就拦一下。比如中路御花园是最堵的，在堆秀山这边就是卡口。走中路西路的人进去都走西路，不走堆秀山，只有从东路进来的人才走堆秀山，这样20%的人走堆秀山，80%的人走这两个口，这样就比较好。

第四，建立强大的文物研究和保护平台。我们要建一个故宫研究院，整合我们的研究体系。现在故宫有五个中心，其中古陶瓷研究中心也是国家的重点科研基地，我们的瓷片馆藏是全国最多的，有全国300多个窑址的瓷片，收藏非常全面。再有就是古书画研究中心、古建筑研究中心、明清宫廷研究中心，最后一个是藏传佛教研究中心，比如唐卡厅、佛造像厅。这五个中心，还有一个我们老院长郑欣淼建立的故宫学研究所，以及文化部刚刚批准我们设置的故宫研究院考古研究所。

我们还建立了科技保护研究中心。科技保护研究中心原来堆着好多建筑材料，它在紫禁城里面，但在红墙外面。经国家文物局批准，报联合国教科文组织后，批复同意恢复建筑，恢复以后就作为我们的文保科用房。这种房子只有一层，但有300多米长，所以是13000平方米。它的意义有两个：一是我们的科研人员分析仪器、炭烧仪器有很好的条件；再有就是红墙以内的全部办公区，都能搬出红墙，一共有九处地点，它们和观众区、开放区连在一块。这组房子两年以后建成了，我们就能做到红墙里面没有办公，全部开放。这样晚上也安全，可以全部封闭。

还有就是规划故宫博物院北院区。国务院批准北院区，给我们未来的发展创造了很多条件。很多博物馆都是在原有的基础上建新馆来弥补不足。如：雅典卫城博物馆，距原来的老馆314米建新雅典卫城博物馆。新馆通过窗户能看到雅典卫城，非常漂亮。再一个就是伦敦，它在五公里以外建了一个伦敦港区。大英博物馆虽然没建新馆，但把原来多余的空间给填上了，空间里面就是开放服务系统，可以发挥多功能的用途。还有日本东京国立博物馆也有6个馆，比较早的如主馆、东洋馆等后来也逐渐扩张。大都会博物馆在外面也有一个分馆，还有罗马国家博物馆也是外面有几处分馆。总之，我们在进行大量调查后发现它们的空间限制着它们的发展。台北故宫也是分几期进行建设的，它们现在建设的台北故宫博物院南院区——在台湾南部嘉义县已经开工了，希望在两年后建成。基于此，我们就希望在北京的西北上庄建一个规划区。北京市规划委说："你们能不能建在天坛附近，因为在天坛附近要建一个文化区，这正好带动了文化区。"我说："我们故宫人从来不从正阳门以南走，这以南都是天桥把式、八大胡同这种。我们历史上都是往西北走，像三山五园：万寿山的清漪园，香山的静宜园，玉泉山的静明园，畅春园和圆明园，都是那时候皇家建的，现在都是文化遗产。"后来他们就同意了。以前有个基地是烧琉璃窑的，1998年控制环保就停烧了，后来建了8000平方米的培训用房，以这个为中心向西、向东、向南扩建，大致用地47万平方米，和北京的北海公园差不多大，周围道路也是封闭的，中间是一个水库，北面一条河，有北区、南区还有西区三处，基本都是田园风光，建筑计划是民族传统、地方特色和时代精神相结合。

还有文物修复中心。大型文物在古建筑中没办法修缮，一直忍着非常痛苦。比如6200件明清家具，1300多块大地毯，武备仪仗还有大型的乐器都没办法修，北院区建设就使得修复成为可能。我们建15000平方米的文物修复中心，因为之前参观过埃及国家大博物馆，它就是在博物馆建成之前先建立一个文物修复中心，里面有8个修复室，每一个修复室都有几个篮球场大。而我们有近100万件文物要修，所以要建文物修复中心，这里面5000平方米的文物修复中心是对外展示的，所以这修复的过程观众能够看，还可以互动。还有近55000平方米的文物展厅，加上5000平方米的展厅，总共60000平方米的场地，这样就能举办很多大型展览。故宫每年展出约9000件文物，台北故宫展出2900件，我们是他们的3倍，但故宫太分散了，人们不可能去看每个展厅，所以很难有好的效果。但即使每年展出9000件，相比总量还是很有限的，比如：武英殿一年展出两期，一期70幅画，很多人都去看，但按照这个速度，我们可能要展2000年，包括一些帝王像、帝王画都是七八米高，必须有大的展厅。再有就是文物周转库房10000平方米。北院区还要建一个工程园艺中心，因为故宫里面已经有热岛效应，一些花卉、植物都养不好了，要到大自然里养，然后才拿到宫里来用。还有就是建一个7000平方米的数字博物馆，5000平方米的多学科的研究中心，5000平方米的科技保护中心，还有行政管理用房。这么一个框架下，大型文物才有修缮的可能。然后我们的一些展厅也能容纳更多观众，我估计我们开馆的当年可能有300万观众。我们还要建低碳环保的设施，应该是一个绿色建筑。一间不起眼的小房子，里面有83片地毯。他们告诉我德国一个专门研究中国地毯的专家，一进这个房子里就跪下，他说从没看到这么好的地毯。其实他什么也没看到。保管员说这一块就是太和殿那里面乾隆皇帝用过的，乾隆的脚印可能还有呢，那是开玩笑的，但是都看不到，也没办法修；我们收藏的家具塞了13个库房，密密麻麻一望无际，都需要保养；还有些武备仪仗、小狮子挂钟、小鸭子挂磬，都在这里堆着。我们还想利用这个阵地作为非物质遗产传承基地，因为故宫有许多国家级的非物质文化遗产传承项目，比如古书画装裱、古书画临摹技艺、青铜器修复，这个地方可以是传承基地。现在青铜器在古建筑里面，整天提心吊胆的，生怕引起火灾，其实我们的技术还是很好的。现在我们也推行师承制，然后联系了社会上的很多人，在过去北京崇文区，那个地方有好多公私合营前的小厂，厂里的老人很多都是清廷造办处的老师傅。清朝倒台以后，他们出去，很多人身怀绝技开始干一些小作坊，带徒弟，他们的后人、孩子今天都在这些厂工作，我们建立了这个平台以后，请东城区科委把这些人都组织起来。他们很多都是国家级、市级的传承人，但是他们现在来不了故宫修复宫廷的东西。所以再把他们重新请回我们的平台，我们给他们提供条件和工资；而他们能够再修宫廷的东西，也都特别高兴。一份一份的简历，很多都是当年造办处的老师或者孩子，比如京畿镶嵌厂、古代家具厂。有位师傅现在修盔头还用点翠，就他们还有点翠的资源，连故宫里懂点翠的人也都没有了。我们还有46根象牙现在都不大敢用了，还有珐琅厂。

图12　国际博协培训中心成立

　　国际博协1946年成立，到现在除了在巴黎以外没设立过任何机构，2010年的上海大会特别成功，他们特别感动，所以我跟他们谈的时候就提出了"无理要求"，问能不能设立培训中心，他们说没设立过，可能有些国家会有些想法，要等大会决议时再看。后来他们主席、总干事都很支持，大会就通过了这个决议。通过决议后，新当选的主席汉斯—马丁·辛兹说希望设在故宫，然后我们跟国家文协签了个协议，准备在故宫设立。后来，国际博物馆协会执委会通过了这个方案，2013年的7月1日国际博协主席、副主席就来挂牌了（图12）。他们要求培训的人当中40%～50%以上必须是中国以外的，不能变成中国的培训中心，当然前期的培训对象应该以亚太人为主。因此今年设10个非物质遗产传承和传统技艺的培训班，第一个已经开班的就是书画装裱，这一期20多人，来自全国11个博物馆和4个研究单位，学生学习、研究都非常用心。

　　第五是从"故宫"走向"故宫博物院"。88年前我们一开始建院，1925年10月10号叫"故宫博物院"，但是今天走进故宫的多是游客而不是观众，他感受不到强烈的博物馆气息。要解决这一问题，我们首先要丰富展览内容，现在我们进行了规划，分为中路、西路和东路、外东路、外西路，分别承担不同的功能。中路即前朝的部分，我们现在在重新展览当时的大典、庆典，前朝的一些相关文物置于两侧，中间是原状陈列，两边的展厅展览这些武备仪仗。后寝的内廷部分，我们想主要展览过去皇宫的生活用具，这样只走中路的观众也能看到很丰富的展览。东西路是原状陈列，我们希望都变成玻璃展柜，不用像现在这样，人看不见都要扒着窗户。所以要用特殊光源和特殊展览形式，把每个院落都按原状陈列。那么公共外西路就要加强专题的展览，把经过研究的、有思想性的展览一个个推出。

　　再有一个就是午门。午门是故宫的客厅，包括外国总统、国家首脑在内的所有观众都得在午门外面下车，不能直接入内。我们希望午门外面一下来就是一个大博物馆，现在800平方米，比较小。90周年院庆前，要把两侧的雁翅楼整体作为一个展厅，雁翅楼一边一个就1000平方米，两个就2000平方米，再加上中间的800平方米，就是2800平方米。雁翅楼原来存放了39万件"文革"期间遗留的文物，这些进不了故宫收藏，因为

图 13.1 乾元阁（修前）　　图 13.2 乾元阁（修后）

不属于宫廷，所以就放到了国家博物馆。我们腾出的空间就可以做展览，将来我们2800平方米的展厅将非常震撼，像地上的天宫一样，外观维持了原来的建筑特色，但里面是一个现代化的博物馆。

第二个计划是"开放西部"。我们准备在院庆的时候把西部打开，西部在建院的88年间从没有接待过观众，很神秘。大家都知道故宫的西部都是女性的世界，像太后、太妃、嫔妃都在这一区域生活。电视连续剧《甄嬛传》播出以后，西部就特别引人注目，老有人打听甄嬛在哪儿住，华妃在哪儿住等。开放西部首先要打开隆宗门，隆宗门现在是个露天餐厅，冬天冷夏天热，观众吃饭很没尊严。要把餐厅挪走，然后打开西部，这里有慈宁宫，慈宁宫将作为故宫的雕塑馆。还有寿康宫，即皇太后的寝宫，这地方故事特别多，院子也特别大，一层一层的，所以打算原状陈列。再有是慈宁宫花园，这是规模非常大的花园，可容纳很多观众。

再一个计划是东华门。东华门过去是库房，现在在修，但修完后就不做库房了，打算做古建博物馆。同时我们计划开放角楼，从东华门走一段城墙看角楼，看完角楼走到午门展厅，这样就成为一条城墙上的参观线，可以让人们体验在城墙上走的感觉。有关人士说："不能开放，怕有人跳。"我说要想跳哪儿都能跳，我觉得这不是理由。养心殿的南面是御膳房，御膳房的院子也很大，现在的御膳房里面是家具库。这里面有一个4.6米的独板黄花梨大案子，世界上最大的。我们准备把它作为故宫博物院的家具馆，因为现在故宫没有家具馆。

再有一个很特殊的地方，东六宫里面的延禧宫，这地方也叫水晶宫灵沼轩，因为这地方老着火，到清朝末代皇帝的时候，皇太后就准备建一个灵沼轩，底下是一个大水池养鱼，但没建完，到1909年的时候停工了，所以它就出现了异国的情调。在地库建成之前我们的书画全部藏在这儿的库房，现在可以利用起来了，我们想把这组房子作为博物院的外国文物馆，因为我们国家很少有外国文物的展馆，故宫有1万多件外国文物。还有，文渊阁"五一"也对外开放了，但文渊阁一开放好多媒体都来报道，我一大早就去等观众了，看别被挤坏了，结果一上午就进去三人。"五一"人很多，但还是走中路，不往两边走，后来我在路口还在叫，"看看文渊阁啊，开放了！"恨不得把人拉进去，真是没办法。中央电视台从一大早就在这儿等着，都播了但没关注。故宫博物院里面还有个近代建筑宝蕴楼，我们准备作院史博物馆。

还有端门，端门在天安门后面，和天安门的造型基本一样，我们收过来后准备做数字博物馆，这个地方晚上能开放，因为它在紫禁城外面，我们做了10多年的数字影像在里面都能够放映。比如故宫很多的房子，即使都修好了，也不敢叫观众进去，因为太小了。比如养心殿，养心殿观众进去就给踏平了，这里面有个三希堂，乾隆皇帝坐在三希堂小桌子上御览了无数的书画珍品。三希堂约4.8平方米，不可能让成千上万的人看到，但是也要让大家看，我们就拍摄影片。尽管都是虚拟现实，但也都是真实地提取信息，很感人、也很打动人，看的人都说好，但十年都没让人看到。现在这儿建数字影院，养心殿等都能让大家"进去"了。

再一个地点是大高玄殿，我们正在抢救性保护。我们准备把大高玄殿前院做一个道教文物博物馆，后院九天万法雷坛做故宫北边的数字馆，这样南北两边相呼应，观众可以分多场参观，白天有七、八场，晚上二、三场，这样能容纳很多观众。再有是故宫专家讲坛，我们的专家每天白天、晚上都能和观众见面。这张图里最后的一个殿叫乾元阁（图13），它修缮前是这样，现在我们已经修好了。这院前面有很大的空地，不复建原来文物建筑的话，可以变成一个能容纳二三百人的广场，民众能在这个广场参与很多活动。

我们也努力地提供优质服务。我们在观众售票处旁边设立了观众服务中心，观众可以咨询、观看影视作品。我们也免费提供轮椅，老人、残疾人可以免费领取，用完后可直接在出口处归还，循环使用。观众咨询中心能够告诉观众现有的展览，什么地方太挤最好回避。再有就是不断地增加讲解器的功能，因为讲解器是我们专门研发的，所以能准确告知游客们信息。一些导游老讲野史，讲连续剧里的东西。我们的导游讲解器不收押金了，而且我们做得很强大，包括40种语言。我到欧美的一些博物馆，发现最多也就8~10种语言，最近几年也开始有中文了。我们的讲解器包含各国、各民族的语言，还有粤语、闽南话。我们去年又提升了，将专家版本的、王刚讲故事的版本、鞠萍姐姐讲的少儿版本等各种版本都压在一起，要听专家讲就很深，要听故事版就很有趣。还有建立无障碍设施，以及观众满意度调查等。去年我们国庆8天接待80万观众，最多一天是18.2万，结果做到了无事故、零投诉，我们很激动。前两天国际博物馆日，我们把孩子都接来组织了"故宫一小时"博物馆采风活动。

我们网站点击率每天100万次以上，2012年平均每天104万次，应该说是很强大的网站。但我们今年的目标是两个方向，一是提升英语质量，把英语版本做得像汉语版一样强大；第二就是针对青少年的功能要加强，因为青少年经常上网，所以希望他们能多进故宫博物院。我们也加强文化产品的研发，去年博物馆唯一的一个金奖，唯一的一个银奖都是有故宫元素的，比如香薰，龙驹迎新。还有今年研发的宫廷娃娃在网上特别受关注。博物馆商店应该有展陈的感觉，一进去就有展览馆一样的气息，堆在那儿卖确实不好。再有就是移动博物馆藏品，都是从博物馆藏品里挖掘出文化信息并凝练的文化产品，而不能把别的地方的大路货、旅游产品拿来卖，无论贵贱，哪怕几块钱十几块钱，一定要精美，一定要有博物馆文化气息。我们也有故宫出版社提供精美的图书，我们最近还送了默克尔一个精美的复制品，她特别喜欢，每一页都要看，并希望能够按照原来的包装把书包上给她带走。总之，我们要让观众能够把故宫文化带回家。

同时我们要扩大文化传播。我们现在更加公开，每个公众都对我们故宫博物院有知情权、参与权、监督权和受益权，我们公布了所有一百多项规章制度，自己制定的规章自己做得好不好，你们都可以查到。我们公布了所有的藏品信息，1807558件套文物的总目全部公开，这在国内博物馆也是第一，在网站上点击都可以查到。再有我们的信息公开，对于媒体朋友们定期开展新闻发布会，每次我都要讲一两个小时。也把我们的一些管理公开给大家看，比如中控室一般不对外，现在也对外，给他们看故宫的安全保卫是怎么做的。一看乐寿堂一只猫穿过去了，保卫处还开玩笑说，别说一只猫，一只苍蝇上去都能看见。

翊坤宫5月4号下午发生了人打钟事件，我当时在承德开会，到了故宫的时候已经晚上七点了。我问怎么处理，他们说处理好了，公安局取样也取好了。工作人员有人认为把门窗都封上，近期不开门，明天文保科技部来会诊，看看钟有什么问题，怎么修。我认为这样不行，首先要把玻璃安上，没有标准尺寸的也先拿库房中现有的玻璃安上，明天再换，然后把钟和玻璃，连一个碎渣都不能剩，全部装到大盘子中抬到文保科技部去检

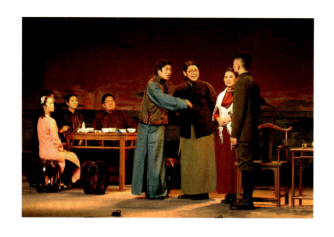

图14 "故宫博物院第四届青年文化节"上演话剧《海棠依旧》

查,不能丢任何一个零件。再把血迹擦干净,那个小伙子流了很多血。这样明天能照常开放,否则观众的权益就受损了,观众买票进来看不到翊坤宫就会在外面议论纷纷:"看不了华妃住的地方了"。媒体明天一来肯定会申请进去看,不让媒体拍照就不是承诺的公开,所以第一天晚上全部弄好,第二天照常开放。果然一大早去的时候中央电视台就来了,发现翊坤宫开放了,就缺一个钟,其他和往常一样。后来我给他们播放当时的录像,全过程都有,只有最后少一个镜头,人家就批评我们镜头装得不密,所以我们正加装镜头。后来带着记者去看现场,到现场就讲了四个方面。第一,为什么他能接触到窗前?因为古建筑里不能有灯,所以就比较暗,我们不能设置"一米线",挡得离窗户很远,所以他能接触到窗户。第二,为什么不能把玻璃装厚的、结实的、装防弹的?因为窗户框子和玻璃本身就是文物,玻璃本身可能是清朝或者是民国的老东西,因为窗户是陆续安的,要是都装成现代的,专家也通不过,这也是88年来第一次出现人打玻璃的状况,所以不能轻易换。第三,这个案子为什么离窗户这么近,要是安的远一点,不就打不着了?但是当年住的人本来就把案子放在窗前,这是历史的真实,不能随意改变。第四,文物要是不放,搁在库房里最安全。但这是展厅,不能没有文物。这些都给记者讲清楚了,后来记者也原文照登了,这样社会也能体谅故宫做一件事是很难的。记者还问我们,有没有研发结实的玻璃?到展览部一看,这些玻璃都研发了,用锤子都打不坏。因为青铜器馆马上就要开馆了,这一轮安的是结实的玻璃。记者又问,钟在哪儿呢?于是就领记者去看钟,请保管专家讲解钟的价值,请文保专家讲钟怎么修,给记者很多信息,都是真实的,一点也没有保留。我觉得博物馆应该做到这样的信息公开。

无烟故宫也要让大家都知道,所以那天发了两万个写着"无烟故宫"的手环。一开始给外国人的时候他们特别警戒,后来翻译说是宣传不抽烟,他们都抢。我们今天也把故宫讲坛办到了社会,"永远的故宫"讲座也在高校持续展开。我们把"故宫印象"办到了首都国际机场,这个展厅是数字化展厅。首都国际机场的安检很麻烦,但是他们希望故宫的展厅进去,因为飞机经常晚点,有了故宫展厅以后人就不那么急躁了,因为他们都在看故宫的展览。前两天国际博物馆日,我们是第一个开通邮政服务的博物馆,第一张明信片寄给了台北故宫博物院的冯明珠院长。我们经常举办一些公益性活动,前两天举办的"艺术中国·巅峰之夜"活动。我们的年轻人在"第四届故宫青年文化节"演了一场话剧《海棠依旧》(图14),300人的礼堂,有百分之七八十的人都哭了。故宫六个部门的19个年轻人排的两个小时话剧,讲故宫文物的南迁、西迁,以及几个家庭悲欢离合的故事,台北故宫的冯明珠院长也应邀来看,最后泪流满面。

我们最近和国家大剧院进行了合作,国家大剧院每年在故宫有一个高雅音乐演奏,我们在国家大剧院有一个展览,比如京剧、徽剧的展览。故宫和文化部对外交流集团、北京歌华集团合作,打算建一个剧场,在二环和三环之间。每天都要演台节目,比如像杭州的《宋城千古情》、兰州的《丝路花雨》,北京一直想有这样一台节目,能够代表北京文化,后来就选中了紫禁城。一开始我们不太配合,怕他们又演那种戏说的清宫戏。后来他们说不演清朝,演明朝,演永乐皇帝如何规划、设计、建造紫禁城,这段很真实,也有很多故事,很难戏说。我们三家合作,准备在2016年完成。

再有是驻华使节进故宫,请这些驻华使节一批批到故宫来参观。我们也不断继续和其他国家的博物馆签署

图15 "地上的天宫"展展厅

和续签合作协议。2012年，波士顿美术馆馆长马尔科姆·罗杰斯来华，他参加上海博物馆60周年馆庆，他说之前没来过中国的博物馆，虽然他当过3个博物馆的馆长，但没来过中国。到了中国他大为震惊，觉得中国博物馆发展那么快。然后我说，再让您看一个奇观。那天吃完饭我就领他上了景山，在景山一望故宫就觉得特别震撼。后来在上海，他就说我们能否签署战略合作协议，协议在文物局宋新潮局长和博物馆司段勇司长见证下，最终在上海签署。

我们也经常引进展览，比如去年引进墨西哥的展览，今年的印度宫廷展。我们的展览也经常到外国去，去年我们的国宝在日本东京国立博物馆展览。当时天很冷，但从开馆到闭馆前都排着队。当时日方有一件事很纠结，他们的天皇病了要做手术，但是他觉得要先看展览再做手术。后来就安排他先看展览，看了一个半小时，后来手术也很成功。之后"地上的天宫"展览（图15）也很成功，观众突破了100万人。我们今天出去展览都不是明星堆砌，而是一定要有故事情节，一定要有一个主题。比如古器物、书画、宫廷和古建等多种类的共同展览才感人，所以大纲一定要做好。去年和香港签署了展览协议，因为过去十多年都是在澳门举办展览，香港人得到澳门去看。冯明珠院长今年春节后来访北京，同时送来了邀请函，邀请我去访问台北。今天早晨我们和西城区政府签署了战略合作协议，商讨了要建一个故宫小学，西城再建一个小学，两者共建。从小给他们培养文化知识，大师到课堂给他们讲解，大家都很高兴。

鼎盛中华——中国鼎文化展

田凯　河南博物院

2013年9月27日，河南博物院举办了一场名为"鼎盛中华——中国鼎文化展"的展览。这次展览联合了全国18家博物馆，展出了193件（套）鼎，是河南博物院新馆自1998年建成开放以来举办的最重要的一个展览。展览历时超过三个月，观众人数达到了近70万，其中开幕后第一个月的观众人数就超过了24万，新闻报道7000多条，另外还举办了100多场活动，网站点击率达到了30多万次，应当说是非常成功的一个展览。

一、河南博物院简介

河南博物院前身为河南博物馆，在冯玉祥主导下，始建于1927年，旧址位于开封市，是中国建馆时间较早的博物馆。河南省博物馆早期馆藏文物主要来自新郑公大墓、辉县甲乙墓、安阳殷墟、洛阳等地的考古发掘，当时是除故宫以外馆藏最丰富、文物数量最多的博物馆。1937年日军发动了全面侵华战争，为确保文物安全，河南博物馆部分文物与故宫文物一样进行了南迁，一路辗转到重庆。1949年，5000多件存放于重庆的原河南博物馆文物被转移至台北，存放于现在台湾历史博物馆中进行展出。

1961年，河南博物馆由开封迁到郑州，现在的新馆于1998年建成开放，目前文物藏量为13万多件。河南是中华文明的一个重要源头，在中国历史上，先后有19个朝代建都于此。从夏代到宋金时期，河南在3000多年时间里一直都是中国政治、经济、文化的中心。目前馆藏的13万多件文物绝大部分都是在解放后的考古活动中出土的文物。

自1998年新馆建成开放以来，河南博物院的展览就一直围绕着"如何展示中原古代文明"这个主题展开。河南博物院的基本陈列为"中原古代文明之光"，该展览以历史发展为线索，展示了从远古到宋元时期的中原古代文明的发展。该展览中陈列的文物基本上都是中原地区的文物，而中原文化可以说是中华文明的一个缩影。河南原省委书记徐光春说过："一部河南史，半部中国史。"这句话并不夸张。中原文明能够体现中华文明的许多核心元素，但仅靠"中原古代文明之光"一个展览，还体现不了庞大而恢弘的以中原文化为核心的中华文明的全貌。因此，河南博物院这几年策划和筹备了许多系列展，最核心的是"文明向心力"系列展，此外还有"艺术大师"系列展、"世界文化"系列展、"艺术精品"系列展等。

河南博物院围绕这些展览也做了大量工作。例如，河南博物院曾经围绕"文明向心力"这一主题举办了"丝路遗珍——丝绸之路沿线六省区文物精品展"和"圣地西藏——最接近天空的宝藏"大型文物特展。此外，河南博物院于2012年举办了一场名为"匈奴与中原——文明的碰撞与交融"的展览。为此，我们邀请了一批油画家

本文根据2014年4月26日河南博物院院长田凯在上海博物馆的讲座整理。

用6年时间围绕匈奴的风俗以及匈奴与中原的文化碰撞与融合进行了创作，作品中还包括一些十几米长的巨幅作品。我们联系了内蒙古、宁夏、甘肃、河南、安徽等地的9家博物馆共同举办这样一个展览，获得了巨大成功。再例如，河南博物院还围绕"艺术大师"这一主题举办了张大千、刘海粟等人的作品展览。又例如，围绕"世界文化"这一主题，河南博物院举办了"古典与唯美——西蒙基金会收藏雕塑、绘画""走向现代——英国美术300年"等展览，让中原人民也能欣赏到世界艺术大师的作品。

二、办展的框架蓝图

（一）展览主办方的强强联手

要围绕"文明向心力"这一主题举办展览，仅依靠河南自己的力量很难做到。于是河南博物院和北京大学考古文博学院进行了合作，在2012年6月就建立文博学院科研实习基地签订了协议，双方将在人才培养、学术研究、陈列展览、文物保护等方面进行合作，8月在河南博物院举行了挂牌仪式。

"鼎盛中华——中国鼎文化展"是河南博物院和北京大学考古文博学院开始合作后举办的最重要的展览。在策划过程中，河南博物院充分利用了北京大学的师资和科研力量，河南博物院派出了三人工作组赴北京大学进行为期一年的学习。在此期间，河南博物院和北京大学考古文博学院的徐天进教授和曾在上海博物馆工作过的杭侃副院长，围绕展览，就鼎的历史文化内涵和展览的角度进行了多次探讨和研究。

（二）鼎的历史文化内涵

双方经过探讨和研究，认为鼎是中华民族特有的器物，在其他文明古国都没有发现，有其特殊性。

首先，鼎最早出现于新石器时代早期的裴李岗文化和河姆渡文化，距今已有8000至7000年的历史。夏代开始出现铜容器，其中包含鼎、盉、斝等多种器具。除了鼎，其他大部分器具都没有延续下来，春秋战国以后基本消失，而鼎一直沿用至今，并且在很长一段时间内它是我国礼制文化的核心器物。

其次，鼎在商周时期是国家权力的核心，商周以后鼎则演变成了国家统治正统性的象征。国家为了彰显其统治的正统性，在大力推广儒家礼乐文化的同时，往往还会仿制古风鼎用于宗教陈设，把意识形态也都加到鼎上去。这是因为鼎本身就包含了和谐有序、以德为先、革新进取等文化属性。

再次，鼎还是我国多民族统一的象征。最早不同区域的鼎各有不同，后来完成了造型上和数量上的统一，并影响到了其他区域的鼎。直到现在，我们很多的场合都还会用鼎来表达。

（三）展览体系的展开与结构化处理

鼎的身上附带有许多中国基本文化因素。我们经过研究，认为这个展览应该围绕以下六个方面展开。

第一，鼎与文明的关系，即鼎与早期文明形成之间的关系、鼎与文明的意识形态的关系。

第二，鼎与国家的关系，即鼎在国家形成过程当中的核心地位。

第三，鼎与民族的关系。在我们中华民族的形成过程之中，在我们的家庭、家族、宗族、民族、国家这样一个阶梯性的构架之上，来展现鼎所包含的意义。

第四，鼎与礼制的关系、鼎和中原的关系。中原一直是鼎存在的核心区域，是鼎文化集中体现的区域。"问鼎中原"的典故也说明鼎与中原有着千丝万缕的联系，并且它还有一种象征性的意义。

第五，鼎与革新进取的关系，这关系到展览的最终目的是什么。我们不能仅仅体现古代人关于鼎的观念、体现一种传统的意识，而是要通过这个展览启发观众，任何一个事物都在不断发展，它的元素在不断增加，价值在不断延伸。鼎本身体现的是中国古人的价值观，而鼎的发展过程则体现出了中国人革新进取的精神。

第六，鼎与当代中国人的关系。

明确了要从哪几个方面来展示鼎，那么我们整个展览的基本架构就形成了。根据这样一个架构，我们对展览进行了结构化处理。

首先，在序厅里面，我们要告诉大家鼎的核心价值是什么，这就需要结合今天的核心价值观并运用古代的文献加以印证。例如通过鼎来解读"和谐有序"这样一个理念。《说文解字》谈到："鼎，三足两耳，和五味之宝器也。"前半句是在解读它的形态，其实鼎还有四足的。而后半句说是用来调节五味的，它的背后实际上还蕴含着另一层含义。何为调节五味？从食物的角度来说鼎是用来煮饭的，在里面可以对五谷杂粮、肉食、梗类进行调和；从文化角度来说鼎可以将各种文化元素进行调和；从社会管理角度来说鼎就是对社会不同人群、不同宗教、不同意识形态的一种调和，社会只有进行了调和，才能和谐有序地发展。所以这句话传递的就是这样一个"和谐有序"的理念。

其次，《左传》里谈到"桀有昏德，鼎迁于商，载祀六百。商纣暴虐，鼎迁于周。"所以鼎背后附带的实际上是一种"德"，鼎的分量不在于鼎本身的大小，而在于统治者的德行如何。统治者德行和品性差，这个鼎再大它也是轻的；统治者德行和品性好，这个鼎再小它也是重的。所以，这里的"轻"和"重"是老百姓对于统治者德行和品性的一个衡量。"德"这个概念就贯穿于整个鼎的概念中，这对于我们今天也具有很现实的教育意义。

再次，《周易》里边谈到"革，去故也，鼎，取新也。"鼎代表着一种建立、代表新制度、新方法、新思维的建立，用现在的话来说就是"改革开放"。这是社会发展的一个核心理念，只有不断进取、不断革故鼎新，社会才能发展。

所以，在序厅里边我们首先告诉大家，我们展示的不仅仅是一件一件物品，物品背后还蕴藏着核心价值观。

在序厅一进大厅处，我们还制做了一个短片来谈鼎的历程。我们邀请了李学勤教授、李伯谦教授、李零教授、朱凤瀚教授，让他们每个人用一句话来谈鼎的背后所蕴藏着的核心价值观，很有说服力。

那么，鼎的这些概念在展览里该如何表达？展览如何通过器物的展示把这些核心价值观传递出去？这就牵涉到这个展览选取哪些鼎、选取鼎的哪些方面、去如何展示的问题。

三、展览的内容呈现

（一）"鼎之初现"

这部分展览主要通过新石器时代不同类型的陶鼎，来展示鼎在我们中华文明最初产生的过程当中所扮演的角色。河南博物院在展厅设计上，以墙上的不同色块表示不同区域：中原区域、山东区域、南方荆楚区域和东部江浙区域。每一个区域里展示的鼎按照时间先后顺序排列。如此一来，观众就能清楚地了解每一区域的鼎的发展，并且各个区域间的鼎的相似性、关联性和独立性也就一目了然了。

在这里，我们首先要解读鼎是如何产生的。鼎最早在中原地区距今8000至7000年前的裴李岗文化中就已经出现，在河南新郑裴李岗出土的乳钉纹红陶鼎是中原地区发现的最早的鼎。稍晚一些，北辛文化、河姆渡文化也出现了鼎。

鼎的出现有一个过程。人类做饭最早采用的是釜，在地面上挖出一个火塘，用石头把釜架于其上，在下面生火来做饭。之后出现了可以垫在盂下的陶支架，二者是分体的，这种陶支架一般出现于磁山文化。磁山位于河北，而裴李岗位于河南，不过两种文化的相似性很强。起初学者们往往把这两种文化合称为"磁山——裴李岗文化"，认为它们是同一种文化，后来则开始分开称呼，因为二者其实还有一些差别。在陶支架的基础之上，人们逐渐开始在制造釜时在其下直接加装短腿，便形成了鼎。

乳钉纹红陶鼎（图1）藏于河南博物院，表面是加沙红陶，应该是采取泥条盘筑法制成的。鼎的表面极不均

图1 乳钉纹红陶鼎／河南博物院藏

图2 褐陶鬼脸足鼎／北京大学赛克勒博物馆藏

图3 镂空足鼎／上海博物馆藏

图4 三足方格纹铜鼎／二里头遗址出土

图5 云纹铜鼎／上海博物馆藏

图6 兽面纹铜方鼎／河南博物院藏

匀，表明这个时期烧制技术还比较落后。最早烧制陶器可能是在漫地起火后加一些东西就直接开始烧，这使得它的火候不聚中，鼎的表面就烧制得不均匀，比较疏松。此外，它腹部有乳钉，一是因为陶制比较疏松，为了防止做饭时陶胎烂掉而加乳钉予以加固，二是因为加乳钉可以扩大火烧面积。

仰韶文化中，鼎的使用更为普遍，形质也更为丰富。这个时期中原地区鼎的主要类型有三种：一类是罐形鼎，一类是釜形鼎，一类是盆形鼎。这三件鼎都是从河南新郑唐户遗址这个非常巨大的新石器时代遗址出土的，它们足部都向内凹，这是仰韶文化时期中原鼎的一个普遍特点。这个时期鼎的分布范围东抵山东大汶口，西抵在河南洛阳东部这个范围内的炊煮器具以鼎居多。而从洛阳西部、三门峡一带再往西，虽然也有个别的遗址有个别鼎出土，但釜和灶才是主流而非鼎。陶灶是河南灵宝西坡遗址出土的，这也就是另一种文化形态。

到中华文明产生前夜的龙山文化时期，鼎的使用范围进一步扩大。大汶口文化鼎的凿形足对屈家岭文化产生了影响。屈家岭文化是湖北到河南西南部一带的新石器时代文化，大致和仰韶文化、大汶口文化处于同一时期。在山东，大汶口文化之后又出现了龙山文化，又称黑陶文化。黑陶文化时期有一个重要现象，就是出现了带有礼仪性质、礼制性质的一些鼎。像褐陶鬼脸足鼎（图2），它的足部比较有特征，呈三角形，中间起一个脊隆，两侧点了两个眼睛，所以叫做"鬼脸足"，这种鬼脸足在山东、河南都普遍存在。这个时期鼎文化在各个地方都有所发展，并且相互影响。

江浙区域从河姆渡文化就开始出现鼎，之后从马家浜文化到崧泽文化，最后再到良渚文化，鼎的发展有一个相对完整、独立的过程。苏秉琦先生曾经提出了"中华文明满天星斗"之说。就是在辽河流域、黄河流域、长江流域、江浙地区等地方，在中华大地的许多区域各自产生了相对独立的文明，这些文明之间又相互影响。在这些文明里，鼎扮演着很重要的角色。这个时期开始慢慢出现了礼制文化，而鼎在礼制文化里也有体现。上海博物馆收藏的良渚文化镂空足鼎（图3）足部有镂空的像云纹一样的纹饰，顶盖上还有刻画得很细的纹饰，这明显不是做饭所需要的，这件陶鼎应该带有一定的礼仪性质。同时，鱼鳍形的足部也是这个地区鼎文化的一个特点，可能和这个区域邻海有一定关系。

通过考古学的解读，从中国新石器时代早期一直到晚期，鼎的分布范围在逐步扩大，不同文化之间的相互影响也在逐步加深，慢慢地就形成了在意识形态上以鼎为国家权力核心的观念。

在这个时期，有一个"黄帝铸鼎"的传说。黄帝时期人类能否铸鼎，从考古学上来说现在不能确定，但在传说里，黄帝时期应该是仰韶时期的中期，庙底沟时期。庙底沟文化的中心区域就在河南的三门峡—洛阳盆地这一带，它的影响范围很广，向北到河套地区，向南到汉水流域，向东到豫东地区，向西到甘肃。从这个时期开始，人类社会组织形式从氏族部落联盟逐渐演变为国家。在这样一个过程中，中国的人口在不断增长。在仰韶前期，中原地区的人口数量约为20万，到了庙底沟时期，人口数量已接近100万。在仰韶时期的前中期，这个区域的人口迅速膨胀，导致了更大的社会组织的产生，推举共主进行管理的社会形式也就应运而生了。我们现在说的黄帝、炎帝，其实就是这个时期部落联盟的共主。"黄帝铸鼎"这个传说的发生地就在现在三门峡灵宝的铸鼎原，恰恰就是在铸鼎原这个地方，人们发现了西坡遗址。考古发现，在黄河岸边的西坡遗址由大大小小的几十个聚落遗址组成，其中小聚落围绕大聚落，大聚落围绕核心聚落。就在这个遗址的其中一个核心聚落里，人们发现了"大房子"，就是铸鼎原。最大的房子有500多平方米，这肯定不是住人用的，而应当是举行重大仪式活动的地方。

仰韶时期是中华文明产生的时期，我们常说的5000年文明实际上就是从这个时期开始的。种种迹象表明，这个时期的社会阶层开始出现分化，统治阶级已经出现，贫富差距逐渐变大。到了龙山时期，国家最终产生。"黄帝铸鼎"这样一个传说再加上早期的陶鼎文化，就形成了后来以鼎为国家权力核心的观念，也就是这个时期，出现了一些带有礼仪性质的鼎。

在龙山时期，在中国的很多地方，包括中原地区、山东、湖北、江浙、河北、山西，开始出现了一些原始的城址，仅就河南一处目前就已发现近十座，这是中华文明产生前夜的标志。鼎在出现之初是作为生火做饭、蒸煮粟类的工具，而到最后作为礼仪性质的鼎开始出现，这也标志着国家将要产生。

（二）"华夏定鼎"

1. 鼎与国家的关系

夏王大禹分天下为九州，铸九鼎，将九州的名山大川镌刻于九鼎之身，以一鼎象征一州，并将九鼎集中于夏王朝的第一个都城——阳城。这尽管是个传说，但在夏代的二里头遗址中就发现了铜制的鼎。在登封告成镇有一处龙山后期的大型城址，而这里还有战国时期的一座城址，在战国时期的城址出土的陶片上就有"阳城"二字，这也就意味着战国时期这个地方就叫阳城。根据该遗址的性质和它的大致时间，多数学者认为这个地方和大禹所居的阳城有关。在阳城的旁边有一座观星台。元代郭守敬为了修订历法，在全国的许多地方设了观测天象的天文台，北抵北极，南抵南海，西抵新疆，而它的中心台就在登封告成镇。郭守敬所建的观星台附近还有一座石质的周公测景台。西周建立以后，因为陕西偏西，武王便命令周公在中原区域勘定天下中心，要在那里另建一座城来管理东方的商代遗民。周公就用圭表测日影，测得在夏至正午，于是他认为这个地方就是天下的中心。于是周公测定后，就在现在的洛阳的洛水旁建了一个成周城，四方到成周城的路程比较均等，便于纳贡，成周城实际上就是国家的中心。阳城当时肯定也是国家的中心。

偃师二里头遗址就在阳城周围不出50平方公里的范围内，是夏朝的最后一个都城斟鄩之所在，在这里发现了中国最早的铜鼎——二里头三足方格纹铜鼎（图4）。这个铜鼎比较有特点，它的腹部是方格纹，完全是按照陶鼎的形式来铸造的，没有其他的纹饰。一圈的花轮纹显示当时的铸造技术还不是很发达，是用很多的范合围进行铸造的结果。但是这件鼎并没有在这次"鼎盛中华——中国鼎文化展"上展出，而是在瑞典举办的一个展览上展出。为此，我们向上海博物馆借了一件云纹鼎（图5）进行展出。

对于上海博物馆的这件云纹鼎制造于何时，有两种说法：一说是夏代的，另一说是商代前期即二里岗时期的。尽管具体制造时间尚有争论，但是不能否认它应当是中国制造时间较早的鼎。它的造型和二里头出土的鼎的造型基本一样，但鼎上有纹饰，它的腹部有一圈云纹，所以这是中国最早的鼎。夏代时已经出现了这样一些鼎，尽管只是零零星星单独出现，但是可以证明，这个时候鼎已经在国家政权里占据了核心地位。

到了商代，铜鼎的铸造技术日臻完善，此时不仅有圆鼎，方鼎也开始出现。在郑州先后发现了三个窖藏坑，其中都出土了大量铜鼎，以方鼎为主，还有圆鼎，其中方鼎数都是偶数。众所周知，到了西周礼制的时候鼎的数目是奇数，但是商代时期还是偶数。而且窖藏里出土的鼎，大小不同，出现了列鼎的形态。这些三处窖藏鼎应该位于郑州商城，即商代早期的都城内，发现的三处大型窖藏坑应该都用于祭祀，祭祀结束后就把这些鼎掩埋在坑内。其中有一个窖藏坑很值得关注，因为其中出土了大小不同的两个鼎，但人们在埋藏的时候把大鼎下方的土挖去一角，使两个鼎的上部平齐，这样的做法明显带有一定的仪式性。

兽面纹方鼎（图6）出土于张砦南街，是一件商代早期的体积较大的铜鼎。这个鼎的腹部出现了兽面纹，它的四角还装饰有乳钉纹。兽面纹后来也被称为"饕餮纹"，在商周时期是一种主要纹饰，我们认为这种纹饰和当时的国家权力有很大关系。在器物上出现的这种纹饰表明，鼎已经从一般意义上的实用品彻底演变成为带有礼仪性质的、带有宗教祭祀性质的一件物品。关于它四周的乳钉纹，现在有学者认为这是在模仿木质的鼎，因为早期铸造方形器比较困难，可能会用木板拼出一个鼎，用兽皮把四角包起来，然后用乳钉固定，就像现在的鼓一样。

无论如何，在商代的前期，鼎开始以重器的面目出现，并且其形态变得相对统一。山西博物院藏兽面纹鼎（图7）出土于山西平陆，是商代早期二里岗时期的一件铜鼎，它和郑州商城出土的圆鼎形制非常接近。数千公里以外的湖北黄陂盘龙城，也同样出现了兽面纹圆鼎（图8），其造型和郑州商城出土的鼎的造型也基本一样。黄陂盘龙城有一座商代早期的城址，与出产铜的铜绿山隔江相望。离郑州商城更远的江西新干大洋洲大型贵族墓出土的卧虎兽面纹方鼎（图9），其形态和郑州商城出土的鼎也基本一致。但它的耳部有两只卧虎，这是新干大洋洲的一个特点，那里的很多器物上都有这种卧虎纹。查阅文献不难得知，商代时南方有一个虎方国，新干大洋洲出土的这个器物很大程度上就证实了虎方国的存在。尽管是相距很远的不同地区，但是它们的基本文化形态是一致的。这就证明早期国家产生以后，以铜鼎为核心的早期礼制形态已经在这些地区形成，并且也同样显示出商王对其畿内及周边方国的控制力之大。文化影响力也体现了政权影响力。

商代后期，铜鼎的制造技术更加发达。随着鼎的数量的增加，其体量也日益增大，商代后期的后母戊鼎的重量已经远超千斤。此外，这个时期铸造的鼎的鼎壁厚度较以往有所增加。在安阳殷墟现在发现有鼎足部的陶范，其内径已经远远大于妇好夔足方鼎（图10）和后母戊鼎的足的直径，这就证明在殷墟地区存在有比后母戊鼎更大的鼎，只不过目前为止还没有发现。妇好夔足方鼎出土于妇好墓，妇好是武丁的妻子，后母戊鼎中的"戊"，指的也应当是武丁的妻子。据记载，妇好曾主持过祭祀，还领过兵打过仗，所以她在商代的地位是比较高的，墓葬里面随葬的青铜器就有400多件。

鼎的造型和纹饰在商后期也变得更加繁多，甚至开始出现三层的纹饰。商代后期还有一件非常重要的大禾人面方鼎（图11），现收藏于湖南省博物馆。鼎上有迄今为止见到的出现于铜鼎上的最完整、最形象化、最写实的一张人脸。有人认为它是一个写实的农神脸，还有人认为它是一个祖先神的脸，观点不一样。它的基本造型和殷墟地区的鼎的造型也基本一致，但其上的人面非常有特点。

从鼎开始出现到国家建立后的夏商时期，鼎逐步演变为青铜文化的核心，并且有了关于鼎的最初的意识形态，虽然并不很完整。所以展览的第二部分的重点是展现鼎和国家的关系，通过夏代、商代前期、商代后期出现的重要的鼎，以及不同区域的鼎的风格的相对统一性，来阐释在国家出现以后鼎与国家政权之间存在的关系。

图7　兽面纹鼎／山西博物院藏

图8　兽面纹鼎／湖北省博物馆藏

图9　卧虎兽面纹方鼎／江西省博物馆藏

图10　妇好夔足方鼎／河南博物院藏

图11　大禾人面方鼎／湖南省博物馆藏

图12　戈鼎／上海博物馆藏

2．鼎与宗族的关系

鼎的铭文里常会出现很多族徽，鼎的族徽可以结合它的区域分布来展示。举个例子：鼎的腹部铭文上有"戈"，既有单独的"戈"，又有以"戈"为偏旁的。经过我们研究，这一类的族徽，不仅有大宗和小宗的区别，还有主干和分支的区别，通过解读族徽的形态也就解读了早期社会结构的形态。单铭"戈"的铜器多现于安阳殷墟附近，说明戈氏应该是负责守卫王室的宗族。但是其分支在包括辽宁、湖北、江苏、浙江、陕西、山西在内的中国许多地区都有出现。在展览中就陈列有上海博物馆的一件戈鼎（图12）。

展品中还包括一件安阳殷墟出土的马危扁足鼎（图13）。马危属于商王的田猎区，因此马危应当是商的一个高级氏族。同时，还展出了亚址提梁盖鼎（图14），亚址也是商代高级贵族的一支。我们力图通过这样一些鼎来展示商代时期不同的宗族。

此外，还有河南罗山后李出土的息鼎（图15）。商代时，南方有一个方国叫息，武王克商后，又改封姬姓在此立国。祖辛方鼎（图16）的铭文里有个族徽"举"。举族在商代生活于王畿之地，也是负责护卫王都的，但这件鼎出土于山东长清，因为纣王曾经派举族来讨伐东夷，而一部分举族在讨伐结束之后就留在了那里。后来举族的青铜器在河南、山东、北京都有发现，因为西周灭商后将巨大的举族肢解了，将族人分到周的各个封国，这段历史有相应的文献记载。长子口鼎（图17）出在鹿邑，老子故里。唐代建的祭祀老子的太清宫离鹿邑大墓仅有几百米远。这个墓发掘过程我也参加了，这个鼎出土的时候大家都很兴奋。因为鼎上的文字比较模糊，"长"字有点像"老"，刚刚出土的时候河南省文物考古研究所的文物学家郝本性先生以为鼎上写的是"老子"，后来清理完沙土才发现这里其实是长国贵族的一个墓葬。

我们国家早期的社会结构体系，不仅有大宗和小宗的区别，还有主干和分支的区别。西周就形成了从最小的家庭、家族、宗族一直上升到最大宗周朝的这样一个复杂的社会体系，这个体系形成一直对今天都有深远影响。这个体系最终确定了在中国人心目中占据着很重要地位的血缘关系。中国人的传统观念里有两大关系。一是血缘关系。直到现在，两个中国人如果是一个姓，常就会被认为是一家子，这种血缘关系可谓已经融入了中国人的血液。二是地域关系。在西周的时候天子以中原为核心区域分封了71个诸侯国，其中大部分都在今天的河南范围。到春秋战国时期，诸侯国数量已经扩大到了200多个，其中有近一半在河南。后来的很多姓氏就来源于诸侯国名，所以很多姓氏的起源地都是河南，这种地域概念对我们中国人的影响一直延续到今天。鼎文化的背后就是这样一个地域性的概念，从地域性到核心性，我们要搞"文明向心力"的展览，就是为了使大家在内心里都有一个向心力，中国人从古至今都是如此。后面还会讲到从汉代到明、清，大家都在"追"一些东西，追的并不是器物，而是器物背后所体现的中国人的观念，这是万万不能被忘记的。

（三）"钟鸣鼎食"

从西周时期开始，中国进入了一个礼乐大成的时期。北京大学赛克勒博物馆藏成周鼎（图18），出土于山西天马—曲村晋侯墓地。鼎内壁有铭文"成周"二字，记载了晋的始封君到成周参加周成王举行的册封祭奠活动后得到了该鼎作为纪念之事。上海博物馆藏的燕侯旨鼎（图19），这也是第二代燕侯在北京琉璃河地方的一件鼎。山东博物馆藏作宝鼎（图20），但它的出土地点应该是在陕西，它的铭文中有"作宝"二字，还有族徽，应当是在庙堂里用于祭祀供奉的一件鼎。还有安徽博物院藏凤纹方鼎（图21），它的腹部带有中原鼎的一些特征，有凤纹，但是足部很短，像被拦腰砍断了一样。吴越时期的鼎经常出现这样一种特征，这就是西周宗周文化和南方吴越文化相结合的产物。

特别要说的还有一件鼎，这是叶家山墓地也就是曾国的111号墓地出土的最大一件鼎。叶家山墓地的发掘工作还在进行中，这件鼎6月才出土，9月已经来河南博物院展出了，此前湖北方面甚至还没有来得及对其进行研究。这件鼎也是最新的考古成果的体现。叶家山现在是考古的一个热点，因为此前虽然已有许多曾国墓地被发现，但这还是人们首次找到其早期的墓地。

西周时期在各诸侯国和宗周地区开始形成了以礼乐典章为核心的文明体系。大克鼎（图22）是上海博物馆的镇馆之宝。河南博物院专门组织了一个记者团从上海博物馆开始对大克鼎进行跟踪报道和拍摄，并将其置于展厅最核心的位置，配合了故宫博物院的小克鼎进行展示。克鼎总共有八件，七小一大，小鼎中有三件在日本，仍在国内的四件分散于北京、上海、天津、南京四地。大克鼎、小克鼎确实表现了西周时期礼制文化的很重要的一个方面。十五年趞曹鼎（图23）也是反映射礼文化的一件鼎，其铭文记载了共王在射礼结束后赏赐给趞曹各种兵器之事。还有故宫博物院收藏的史㢭父鼎（图24），这件鼎最重要的地方在于其背后的字："史㢭父作宝尊彝贞，七五八"。在金文中有借"贞"为"鼎"的现象，这说明古代在鼎文化的背后还有占卜的概念，这也正是在很多鼎上都有卜辞存在的原因。七五八转化为卦象就是兑卦，兑就是悦，兑卦是非常吉利的卦，这件鼎所体现的古人借鼎占卜之事也是礼制文化的一个表现。

另外一件是南京博物院收藏西周中期的师眉鼎（图25）。师眉收到周王的赏赐五朋贝，于是就铸造了两鼎两簋。一般来说，鼎数为奇数，簋数为偶数，这说明有关鼎的礼制在西周中期还没有完全形成，到西周中后期，九鼎八簋、七鼎六簋这样的礼制才变得完善。虢季墓较为清晰地体现了这样的礼制。虢国是周代姬姓封国，历史上有两个虢，东虢位于今郑州荥阳一带，为郑国所灭，西虢初位于今陕西，后随平王东迁至三门峡。虢季墓位于黄河边，离三门峡水电站不远。那里出土了七鼎六簋，非常合乎规范。其妻之墓被称作梁姬墓，那里出土了五个鼎（图26）。按照周礼，夫人礼数从其夫，但在现实中往往自降一等。到了西周的后期，一套完整的礼制规范最终形成。

图 13　马危扁足鼎／中国社会科学院考古所藏　　图 14　亚址提梁盖鼎／中国社会科学院考古所藏　　图 15　息鼎／河南博物院藏

图 16　祖辛方鼎／山东博物馆藏　　图 17　长子口附耳鼎／河南省考古院藏　　图 18　成周鼎／北京大学赛克勒博物馆藏

图 19　燕侯旨鼎／上海博物馆藏　　图 20　作宝鼎／山东博物馆藏　　图 21　凤纹方鼎／安徽博物院藏

图 22　大克鼎／上海博物馆藏　　图 23　十五年趞曹鼎／上海博物馆藏　　图 24　史㚸父鼎／故宫博物院藏

图25　师眉鼎／南京博物院藏　　图26　梁姬墓五鼎四簋／虢国博物馆藏

图27　新郑郑国祭祀遗址出土九鼎八簋／河南博物院藏

（四）"问鼎中原"

到了春秋战国时期，开始礼崩乐坏，"问鼎中原"就是其中很重要的一件事。陆浑戎最早活动于今天的甘肃、青海一带，后来迁到了河南的伊川、嵩县一带，就是现在的陆浑水库附近。楚庄王发兵打陆浑，班师到了当时的京城附近，也就是现在的洛阳一带，周王派王孙满去军队慰问。楚当时势力很大，于是楚庄王问到了周王的鼎的大小、轻重。这是不能问的问题，王孙满看出了楚庄王觊觎周室之意，就告诉他统治天下"在德不在鼎"。

河南博物院在展览里采用了对比的方法来体现当时的这样一个社会现实。我们展出了新郑郑国祭祀遗址出土的九鼎八簋（图27）。新郑是郑国的国都，现在已经发现了30多个窖藏坑，其中在四个窖藏坑中藏有九鼎八簋。按照周礼，诸侯社稷只能采用七鼎六簋的规制，它已经越过了这样一种规制，表现出当时社会展示礼崩乐坏的局面。另外一件是秦公鼎（图28），也是上海博物馆收藏的。它的腹部下垂，足部粗大，这是秦鼎的一个特征。蟠螭纹沿耳铜鼎（图29）是比较典型的中原的沿耳鼎，是郑公大墓出土的，非常质朴。但是楚国的鼎就非常张扬，王子午升鼎（图30）出土于河南淅川下寺，就在现在的南水北调工程中路的丹江口水库附近。丹江里有楚人的第一个都城——丹阳，楚国的大型贵族墓葬区也多位于丹阳。王子午系楚庄王之子，康王时做令尹，王子午升鼎共七件，充分显示了楚文化张扬、瑰丽的特点。还有一件大镬鼎，出土于河南上蔡郭庄，也是新的考古发现，据推测里边应该有七个鼎。青铜圆盖大鼎（图31）是当时的一个卿大夫主持盟祀时烹煮牲畜用的，这件鼎非常大，高度大概有88厘米。所以在这里边就体现了中原文化和楚文化对峙的一个局面，同时也表现了礼崩乐坏的这样一个特征。

图 28　秦公鼎／上海博物馆藏

图 29　蟠螭纹沿耳铜鼎／河南博物院藏

图 30　王子午升鼎／河南博物院藏

图 31　青铜圆盖大鼎／河南省考古院藏

图 32　错金银团花纹有流鼎／洛阳博物馆藏

图 33　君子之弄鬲／故宫博物院藏

图 34　四联鼎／安徽博物院藏

图 35　泗水捞鼎画像砖／河南博物院藏

　　青铜圆盖大鼎还体现了另一种用鼎制度。镬鼎是煮肉用的，牛、羊、猪煮完以后放到牢鼎里面，牢鼎又叫升鼎。按照周礼，九鼎八簋、七鼎六簋一般是按这种鼎的数量来算的。但是捞到这种鼎里面的是白肉。于是就需要羞鼎用来给食物加滋味，然后再食用。镬鼎、牢鼎、羞鼎这三种形式的鼎组成的一整套配置，在展览里也有展现，这体现了鼎文化的多样性。不同形制的鼎，包括越式鼎、鲁式鼎、楚式鼎、秦式鼎、燕式鼎等，表现出这个时期的鼎已与商代不同。商代时间跨度很大，但是各类鼎的形制自始至终都没有什么变化。而这个时期各个诸侯先后开始发展了具有自己特色的文化，不同区域的鼎的特点就逐渐形成了。礼崩乐坏又导致了鼎文化在战国时期开始崩溃，鼎又开始从礼制形态朝着生活形态转化。

　　洛阳博物馆收藏的错金银团花纹有流鼎（图 32），明显不是实用的。故宫博物院藏君子之弄鬲（图 33），"弄"就是把玩的意思。安徽博物院藏四联鼎（图 34）并不用于煮饭，它的形态开始发生了变化。这些都是后来的"革故鼎新"的最初表现，也就是鼎由它最原始的实用型形态慢慢向把玩型、陈设型过渡。

（五）"革故鼎新"

在这一区域，我们展示了泗水捞鼎的传说（图35）。相传周亡以后，周鼎沉入泗水。秦始皇东巡时路过今徐州一带，派上千人寻周鼎而不得。藏于河南博物院的河南新野的画像砖，就反映了这个传说。河的两侧有人用绳拉鼎，河上有座桥，桥上热闹异常，但一条龙突然出现于水中，把绳子咬断了，鼎就沉了下去，从此再也找不到了。这说明在汉代人看来，秦代的政权是不正统的。

汉代人也要寻找正统，于是汉代皇帝就在山西汾阴后土祠——也就是历代王朝祭祀土地爷的地方——的旁边临水建了一座庙，乞求周鼎的出现。后来在汉武帝时期，有人真在旁边挖出了一件周鼎（图36）。作为对天降祥瑞的颂扬，汉武帝亲往汾阴进行祭祀。后来经过考古发掘发现，这附近正是东周的墓葬区。汉朝人通过这件事来证明汉代统治的正统性，其后的王莽也是如此，历代王朝总是借鼎来宣扬自己的正统性。

到汉代以后，鼎的形态发生了变化。此前在很长一段时间里，鼎仅仅被用来宣传统治的正统性，但秦代出现了计量铜鼎（图37），不同材质的鼎也开始出现。王莽的时候托古改制，追慕周人，但是没有成功，很快就灭亡了。陕西西安附近出土的九鼎（图38），是王莽时期托古改制的鼎，他借此宣扬自己的正统。

到了宋代的时候，金石学开始出现，人们开始寻找鼎过去的各种形态。徽宗的时候设立了议礼局，招收天下古器来进行仿制。这个时候出现了政和礼器如大晟编钟、牛鼎等，都是议礼局的产物。牛鼎（图39）是政和礼器中最为重要的一件器物，由匠人根据记载铸造，后被金人掳走，明代在河北丰润被发现后就被供奉到庙里作为贡器使用，后被河北省博物馆收藏。之后，李零教授在河北省博物馆发现了这件鼎的存在。它也是慕古的产物。

除了慕古以外，鼎的形态也向炉开始过渡。现在所说的香炉就是由鼎演变而来的。炉的演变从汉代就已经开始了。例如潞王在新乡仿制的鼎——大明崇祯玖年潞国制铜鼎（图40）。锡鼎也开始出现，例如沈存周款凤纹锡鼎（图41）。此外还有乾隆款龙泉窑青瓷鼎（图42），这是河南博物院收藏的乾隆款的瓷器鼎。这个时期的鼎体量变小，作为国家的象征意义不是那么强，但是进入了民间，成为文人雅士的一种把玩。乾隆皇帝仿造召夫鼎做的一件玉鼎（图43），上面还有他题的诗。鼎文化经过这种演变，由早期的实用器，过渡到一种国家政权的象征，和礼制文化产生关系，最后礼崩乐坏，实用范围扩大到民间，扩大到更广泛的文化的范围。

（六）"鼎盛中华"

在今天，鼎在生活当中依然占有重要的地位。展览的最后一个部分叫做"鼎盛中华"，"鼎盛（shèng）中华"还有一个意思就是"鼎盛（chéng）中华"，"盛（shèng）"还有一个"盛（chéng）"的概念在里边。鼎是盛食物的，而食物就是民生。在人民大会堂过厅里面陈设有"人民万岁"鼎。在四川广安邓小平故乡的思源广场矗立着实事求是鼎，鼎的前面铸有"实事求是"字样，背面则铸有"解放思想"字样，并且邓小平的南巡讲话都被刻在了鼎上。中央政府还向五个少数民族自治区都赠送了鼎，上面镌刻有不同区域少数民族的特产和风土人情。香港和澳门回归、奥运会召开的时候国家也都铸鼎纪念。此外还有世纪宝鼎，也就是陈设在联合国总部的鼎，这件鼎是上海博物馆前馆长马承源先生主持设计的，鼎上面的铭文也是他的学生亲笔用钟鼎文写就而镌刻其上的，意义非凡。

鼎不仅仅是一个实物，在它的背后有我们民族的根、民族的魂，有我们民族的文化传承。展鼎不仅是为了展示鼎的实物，更重要的是为了展示我们博大精深的中华民族传统文化，展示这个文化传统对于我们今天的重要意义。

图36　万荣县庙前村出土铜鼎／山西省考古研究院藏　　　　图37　计量铜鼎／河南博物院藏

图38　新莽九鼎／西安张家堡出土

图39　牛鼎／河北省文保中心藏　　图40　大明崇祯玖年潞国制铜鼎／故宫博物院藏　　图41　沈存周款锡鼎／北京大学赛克勒博物馆藏

图42　乾隆款龙泉窑青瓷鼎／河南博物院藏　　图43　青玉召夫鼎／故宫博物院藏

创新与发展：我国当代博物馆事业的主题词

段勇　国家文物局

很高兴有这个机会与大家探讨一下当前我国博物馆领域的三大热点问题。它们从不同角度反映了我国当代博物馆事业的创新与发展。这三个热点问题是：

政策创新——免费开放，谈谈博物馆免费开放的喜与忧。

体制创新——民办博物馆，谈谈民办博物馆的是与非。

理念创新——生态博物馆，谈谈生态博物馆的名与实。

一、引言：我国博物馆正处于黄金发展期

当前我国的博物馆事业处于一个黄金发展期。首先，我认为：博物馆，与学校、医院、教堂一样，是人类发明的最伟大、最成功的社会机构之一。它让人类知道自己从哪里来，是怎么从过去走到现在的，未来又可能向哪里去。现在全世界200多个国家和地区几乎都有博物馆或类似博物馆的机构。所以说，博物馆是一个伟大而且成功的发明。

我国有学者把中国博物馆最早的雏形追溯到春秋末年。孔子去世后，鲁国国君把他的故居建成孔子庙堂（图1）。在其中陈设了孔子周游列国坐过的车，以及孔子穿过的服装、弹过的琴、射过的弓箭等供当时和后人缅怀。这属于人物纪念馆。但是我们现在所说的博物馆形态，即公共博物馆，是从西方传入的舶来品。最早是1860年第二次鸦片战争之后传入我国的。第一家外国传教士在我国建立的近代博物馆，是1868年在上海建立的徐家汇博物院（图2）。它的旧址仍然存在，是一幢两层的白楼，但是现在不作为博物馆使用了。

同文馆博物馆建立于1876年，据学者最新研究，这很可能是中国最早的国立博物馆。在外国传教士的日记和我们的一些档案里有关于它的记载。众所周知，第二次鸦片战争之后清政府建立了一个总理各国事务衙门，相当于现在的外交部。同文馆归这个衙门管辖，是培养翻译人才的一个学校，相当于外语学院。而同文馆博物馆就是为培养翻译人才服务的。由于当时中西方之间文化差异巨大，彼此都有很多陌生事物，特别是西方一些近代科技成果对长期闭关锁国后的中国人来说，很需要有这么一个博物馆通过实物、图片来帮助认识、理解、沟通。但是，关于这个博物馆的具体情况，由于缺少详细资料，我们还不太清楚。因为隶属于政府机构，它应该是中国最早的国立博物馆。

本文根据2014年5月10日国家文物局博物馆与社会文物司司长段勇在上海博物馆的讲座整理。

图 1　孔子庙堂

图 2　徐家汇博物院（1868 年创办）

图 3　南通博物苑（1905 年创办）

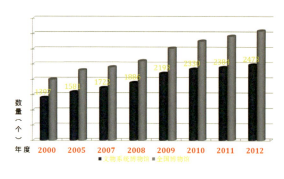

图 04　我国博物馆发展的柱状图

目前业界公认由中国人创办的最早的博物馆通常追溯到南通博物苑（图3），它是 1905 年由张謇先生创办的。这个博物馆现在依然存在，成为我国博物馆事业的标志之一。它可以说是我国最早的民办博物馆，当然现在是国有的了。

从我国博物馆发展的柱状图（图4）上，可以看出从本世纪初到当前博物馆发展的一个大致情况。改革开放之后，我国的博物馆事业进入了一个高速发展的阶段。过去十年，我国的博物馆以每年新增超过 150 家的数量在增长。不仅当前是我国历史上博物馆事业发展最快的时期，而且我国也是当今世界上博物馆发展最快的国家之一。截止到 2012 年底，全国（不含港澳台）在省级以上主管部门注册，并在国家文物局备案的博物馆已经达到了 3866 个。其中民办博物馆 647 个，行业博物馆 659 个。从博物馆数量来看，在全世界大概能排到第六位。博物馆最多的国家是美国，按严格的标准讲，大概是 8000 家，如果按宽口径统计大概有 20000 家。我国的 3866 家是按窄口径统计，宽口径我们没有数字。

下面我们来看看一些有代表性的博物馆。

中国国家博物馆（图5）是世界上单体建筑面积最大的博物馆，建筑面积接近 20 万平方米，很有气势。国内外虽然也有一些博物馆的总建筑面积超过它，但它们都是由一组建筑构成的，而国家博物馆则是一个单体的巨型建筑。

故宫博物院是我国藏品数量最多的博物馆，达 180 万件（套），也是世界上观众人数最多的博物馆，

图5　中国国家博物馆

图6　上海博物馆

图7　陕西历史博物馆

去年一年的观众人数是1500万人次。卢浮宫同年的观众人数大概是970万左右。不过卢浮宫的占地面积比故宫要小，大概相当于故宫的二分之一，所以卢浮宫能达到这个数字也是十分惊人的。

上海博物馆（图6）可以说是中国最好的博物馆。这么说的依据是，我们从2008年开始对全国的一级博物馆进行年度运行评估，具体涉及博物馆行政管理、藏品保护、陈列展览、公共服务、学术研究等各方面的情况，有一套科学的评估体系。从2008年开始到现在一共进行了5年的国家一级博物馆年度运行评估，上海博物馆一直稳居第一名，所以我们可以说上海博物馆是当前中国最好的博物馆。其实上海博物馆的建筑面积并不大（只有3万平方米），藏品数量也不算很多，观众人数也无法与一些兄弟馆比肩，它能够成为中国最好的博物馆不容易，说明其整体实力强、各方面发展均衡。

陕西历史博物馆（图7）是改革开放后我国新建的首座现代化的省级博物馆。山东博物馆是我国第一个建筑面积超过10万平方米的省级博物馆。现在大概有5家省级博物馆建筑面积超过10万平方米了。宁波博物馆，是年轻博物馆的代表，它2008年才成立，藏品数量不算多，藏品等级也并非很高，但是它的整体起点很高。宁波博物馆的建筑设计师王澍先生是第一个获得号称建筑界的诺贝尔奖——普利茨克奖的中国人。同时，宁波博物馆是中国博物馆协会志愿者专委会的挂靠单位，在发展志愿者工作方面成绩突出，它每年主导举办全国博物馆志愿者十佳之星的评选，在全国已经成为一个品牌。它还举办过一些有影响的国内外研讨会。所以虽然它很年轻，但是起点高，发展方向好，仅仅五年时间就跻身国家一级博物馆的行列。

苏州博物馆在地市级博物馆里也是很有代表性的。它去年曾获得第二届"最具创新力博物馆"称号，同时在博物馆年度运行评估中，苏州博物馆是连续几年闯入前十的市级博物馆，超过了很多省级博物馆。

以上都是综合性的国有博物馆。中国科学技术馆（图8）属于行业类博物馆。俗话说："三百六十行，行行出状元"，前面提到我国行业博物馆已有649家，可以说几乎每个行业都已有博物馆。中国文字博物馆（图9）属于专题类博物馆。各部委的博物馆、各国有企业的博物馆、民办的博物馆，绝大多数都属于行业类、专题类博物馆。普陀山佛教博物馆是第一家由宗教团体自己办的公共博物馆。

还有一大类是遗址类博物馆。我们国家是文明古国，遗址、遗存、遗物都非常丰富，所以遗址类博物馆在我国博物馆界是很大的一类，大概有1000家。秦兵马俑博物馆就是遗址类博物馆的重要代表，在国际上都非常著名。重庆白鹤梁水下博物馆也属于遗址类博物馆，是世界上第一家真正的水下博物馆。观众不用穿特殊的水下装备，可以从地面建筑沿着廊道进入水下，透过舷窗就近观看水下100多米石梁上的历代题刻。

纪念重要历史人物和重大历史事件的纪念馆中，有很多也属于遗址类博物馆。还有一种新型的遗址类博物馆：工业遗产博物馆。北方有沈阳工业博物馆，南方有柳州工业遗产博物馆。工业时代是人类社会发展历程中极其重要的一个时代，而且工业时代与我们当代生活密切关连，有必要把这个时代以博物馆的形式保护和传承下去。

数字博物馆是新形态博物馆。我们现在号称信息社会，数字博物馆应运而生，又叫智慧博物馆。我个人理解，数字博物馆可分三个层次：如果一个博物馆在国际互联网上有自己的网站，用IT技术进行宣传，甚至有的还可以互动，这样就已经迈进数字博物馆的大门了；在博物馆日常工作中采用数字办公系统即OA系统，还有藏品管理采用数据库技术，也就是说信息技术为日常工作服务，那就又上了一个层次；最高级的就是一些博物馆正在发展的虚拟现实技术，有的依托于实体，有的根本就没有实体，完全是一个虚拟博物馆。敦煌研究院，在网上就可以参观洞窟，进行虚拟漫游，不但可以360度观看洞窟里的壁画，还能拉近推远观看。故宫博物院有"超越时空的紫禁城"网络项目，还有虚拟技术项目"紫禁城——天子的宫殿"项目，但是很遗憾后面这个不对普通公众开放。

在匆匆检阅了我国当代博物馆事业的部分成就后，我们仍回到上海：2010年11月，国际博物馆协会第22届大会在上海召开（图10），122个国家和国际组织的3462名代表参加，其中国外代表占了一半，这是国际博协历史上规模最大的会议，也是我国文化遗产和博物馆领域规模最大、级别最高的盛会，标志着我国博物馆事业的成就得到了国际社会的广泛认可。

二、政策创新——博物馆免费开放的喜与忧

应该说，从2003年开始，浙江、广东、北京的部分博物馆就自行向公众免费开放了。2004年，国家文物局等12部局联合发文，明确要求以博物馆为首的7类公益性文化设施"对学校组织的未成年人集体参观实行免票"。有了这些实践铺垫，2007年9月，中央高层主管领导在视察湖北省博物馆时提出了博物馆全面免费开放的政策思路。于是，从2008年开始，除遗址类、古建类博物馆外，全国宣传、文化、文物部门主管的博物馆、纪念馆、爱国主义教育基地全面向社会免费开放。我国现有的3866家博物馆中大概有2500个博物馆已经向社会免费开放，不包括行业博物馆、民办博物馆。

在免费开放的2500个博物馆里面有1800个享受中央财政补助，这是在2008、2009、2011年分三次公布

图8 中国科学技术馆

图9 中国文字博物馆

图10 国际博物馆协会第22届大会在上海召开

实施的。免费开放专项补助经费也从最初的12亿元上升到了30亿元。其余700个博物馆主要依靠地方财政支持进行免费开放，现在它们也都希望能享受中央财政的补助。

我国博物馆的免费开放是迄今为止世界上规模最大的博物馆免费开放行动。前面我们说过，世界上博物馆数量最多的是美国，广义上说有20000家，但其中法定免费开放的博物馆只有16家，就是史密森尼研究院系统的16家博物馆，主要集中在首都华盛顿的National Mall周围。因为属于国立的，经费来自联邦政府，所以法定免费开放。数量庞大的其他博物馆则大致有三种门票制度：免票、建议门票和强制门票。免票又分为完全免票和特展不免票二种；建议门票是只要支付从1美分到建议数额之间的费用均可入内参观；而即使是实行强制门票的博物馆往往也有优惠甚至免票的对象（如未成年人）或时段（如周五下午）。

再看英国，从2001年12月1日起，包括大英博物馆在内的英国11家国字号博物馆正式免费向公众开放，由政府给予经费补助，但各馆的临时特展仍然售票。奇怪的是，英国做了一个调查，说免费开放之后观众人数只上升了2%，就是说免费开放对于吸引观众意义并不大。换句话说，英国观众对于门票价格不是很敏感，不管收不收费，该看的收费仍要看，不想看的即使不收费也不看。所以免费开放没有明显效果，当然对外国游客还是很有利的。

法国的情况要复杂一些。1793年卢浮宫（时名中央美术博物馆）对公众免费开放。这也是世界上第一个完全免费开放的公共博物馆。在此之前欧洲有些国家的近代博物馆也是免费开放但是对观众是有条件的。比如需要预约登记，需要有一定资格等。中央美术博物馆开始无差别的免费开放，但是它到1922年又收费了，直到今天。从1996年起，法国大约20%的博物馆每月至少一天（通常是每月第一个周日）向公众免费开放。2007年8月，时任法国总统萨科齐推行"文化民主化"政策，指令法国文化部长研究实行博物馆免费开放政策。它的提出比我国还略早，但结果和我国大不一样。卢浮宫、奥赛博物馆、盖布朗利博物馆、蓬皮杜艺术中心因为观众人数已经很多，所以就没有完全实行免费开放，而是每周有一个晚上6点到9点向18至26岁青年免费开放常设陈列，不含特展。从2008年1月起，包括吉美博物馆、罗丹艺术馆在内的具有代表性的14家中小博物馆（其票价平均约为10欧元），试行了半年的免费开放，但是没有公开宣传，主要目的是分析门票价格因素对于观众参观博物馆的影响程度。据统计分析，试行免费开放的14家博物馆观众人数平均增长56%，应该说成效是很明显的，而且以当地民众为主要观众群的小博物馆受益最大，但是由于"未能达到吸引新的参观群体的预期目的"（超过四分之三的观众仍是旧面孔）、"展厅人满为患影响参观质量"（观众人数多与停留时间长有冲突）、"关于观众会将节省下的门票费用用于博物馆内其他消费的预测落空"（购票观众人均消费34.5欧元，而免票观众人均消费23欧元）等原因，法国的主管部门认为免费开放政策是失败的，所以免费开放政策无疾而终。

可见，免费开放的确是我国公共文化领域的一项重大政策创新。实行免费开放政策后，在相对充裕的资金保障下，全国博物馆每年举办陈列展览超过2万个，陈列艺术水平也有了大幅提高，每年观众人数超过5亿人次，比免费开放前成倍增长。省级博物馆的年观众人数普遍突破百万大关。更让我们欣喜的是，越来越多的国外展览也有条件引入中国了，国家博物馆、故宫博物院、上海博物馆、首都博物馆等经常举办外国文物展，国人在家门口就能欣赏到不同国家的文化、艺术。我国普通民众、学生群体、低收入人群成为免费开放最大的受益者，过去连基本运营经费都没有保障的基层博物馆自身也是免费开放的重要受益者。

在充分肯定免费开放政策取得巨大成绩的同时，我们也要清醒地看到，免费开放政策尚需进一步深化、完善。比如观众人数的爆发性增长，既影响参观环境和效果，也给博物馆带来服务上、安全上的巨大压力，许多博物馆不得不实行免费不免票的措施来限制观众人数；特别是政策采用一刀切的方式，标准缺乏实事求是分类指导，在实践中存在不同地域实施不够平衡（东西部免费开放博物馆的数量和经费差异较大）、补助经费核定不尽合理（有的省馆不到100万，有的市馆高达3000万）、配套政策明显滞后（绩效考评办法迟迟未出台，经营收入政策不合理）等，导致这个政策产生助弱却抑强的效果，遏制了一些有条件的博物馆的自我造血机制，有些博物馆甚至重现吃大锅饭现象。

我们现阶段需要通过推行博物馆免费开放绩效考评，建立起免费开放补助对象和补助经费的动态调控机制，即建立起准入和退出机制，进一步激发博物馆的活力。从长远来看，要从博物馆事业可持续发展的高度，认真研究深化、完善免费开放政策的思路。须知，免费开放是在我国经济形势好、财政收入充裕的背景下由时任领导人推出的一项政策，并没有法律上的保障，主客观上均存在不确定性。我们必须居安思危，从长计议，进一步扩大博物馆的社会公益属性（成立理事会，发展博物馆之友、志愿者），增强博物馆的自我发展能力（建立博物馆基金，完善开发文化产品的配套政策），提升博物馆的整体质量和形象（推行绩效考评，实行分级分类管理），探索出一条适合中国博物馆事业的可持续发展道路。

三、体制创新——民办博物馆的是与非

民办博物馆通常是指由政府部门以外的社会力量主要利用民间收藏的文物、资料、标本依法设立并取得法人资格，向公众开放的非营利性社会公益机构。有时也称为非国有博物馆、私立博物馆、民营博物馆等。

当前民办博物馆里包含两类不同性质的博物馆。一类是通常意义上的、非国有的民办博物馆。另一类是国有企业创办的博物馆，由于目前政策不允许企业兴办事业机构，它们也只能注册为民办非企业法人，其法律地位与第一类民办馆相同。但是二者性质显然有差别，比如藏品所有权的问题，国有企业创办的博物馆其藏品显然是属于国有的，而非国有的民办博物馆其藏品的权属问题还是模糊的，虽然从法理上说应属于社会公有或博物馆法人所有，但实际上无论是创办人、社会公众还是上级主管部门往往都默认非国有的民办博物馆藏品还属于博物馆创办者私人所有。

我们这里讲的民办博物馆主要指非国有的民办博物馆。其办馆主体包括私人收藏家、文化名人、民营企业家、民营企业和社会团体等，办馆模式有多种，一是独立民办，完全依靠创办者自己管理、经营，二是民办公助，有各级政府以多种方式给予资助，三是民办部分国有，如大唐西市博物馆、阳关博物馆是民办，但它们依托的古代遗址都是全国重点文物保护单位，属于国有。

民办博物馆的历史在我国源远流长，前面说到1860年以后来华传教士在我国建立的博物馆，还有1905年中国人创办的南通博物苑，都属于民办博物馆。但是1949年以后民办博物馆全部消亡了，现在的民办博物馆属于改革开放之后出现的新生事物，这也算是我国当代博物馆体制上的重大创新。

20世纪80年代年代上海出现了以陈氏算具博物馆为代表的一些家庭收藏馆，但是它们没到政府部门正式登记。第一家经经批准登记注册的民办博物馆，是1992年由上海市文管会审批的四海壶具博物馆，稍后的1996年，北京市文物局也批准了观复博物馆、古陶文明博物馆等成立开放，随后民办博物馆在全国如雨后春笋蓬勃发展。

截至2012年底，全国经各省级文物主管部门登记注册并获国家文物局备案认可的民办博物馆为647个，占博物馆总数的16.7%。此外，未经登记和备案而自称"博物馆"的民办机构至少还有上千家。民办博物馆已经成为我国博物馆事业的有机组成部分。

除了和国有博物馆一样具有保护和传承历史文化的作用外，民办博物馆还发挥了特殊的作用和贡献：它们所关注的民俗文物、民间工艺品、动物标本、家具、老相片、奇石、微雕、票证等一些被国有博物馆长期忽视或无力集中收藏的老物件，既丰富了博物馆藏品的概念，也填补了博物馆类型上的空白。这些藏品在几十年前入不了以文物、历史、考古为重点的国有博物馆的法眼，而随着经济快速发展，这些物件消失很快，多亏有一批先富起来的收藏家开始介入这些领域，后来转变成民办博物馆与公众分享。与国有博物馆相比，民办博物馆相对自由度要大一些，同时也更敏感一些。其实类似的情况仍在发生，比如当代艺术品，国有美术馆、博物馆出于意识形态原因对收藏当代艺术品存有顾忌，以致中国当代艺术的代表性作品绝大部分在国外，也导致我国当代艺术的话语权和定价权都掌握在外国收藏家手里。过去我们说文物流失主要指战乱时期的流失，实际上这些民俗文物、当代艺术也是一种流失。所以，如果不是民间收藏家和民办博物馆，我国在近现代民族、民俗文物和现当代艺术品方面有可能形成收藏断层，这是民办博物馆的特殊贡献。

近年来，国家对民办博物馆的发展给予了直接的引导和扶持，为民办博物馆的发展营造了十分良好的条件。比如2010年国家文物局等7部局联合发布了《关于促进民办博物馆发展的意见》，随后宁波、成都、西安、海口、武汉、苏州、上海等城市纷纷出台了支持民办博物馆的专项政策，从建馆用地、办馆场地、开办经费、运营补助、考核奖励等方面对民办博物馆进行支持。2013年财政部和国家文物局首次从免费开放经费中列支1亿元专门用于奖励免费开放的民办博物馆。

从过去五年来看，民办博物馆的增长幅度已超过了博物馆整体的增长幅度。民办博物馆在全国博物馆总数中：2008年占10.7%，2009年微升至10.9%，2010年猛升到13.3%，2011年进一步升至14.9%，2012年更是达到16.7%。从分布来看，民办博物馆主要集中在经济发达地区、藏品资源丰富的文物大省和文化特色鲜明的少数民族地区。以省为单位，浙江（91）、四川（72）、广东（44）为民办博物馆数量的前三甲，以市为单位，成都第一、宁波第二。

从规模来看，民办博物馆平均馆舍面积为3382平方米，平均每馆展厅面积为1994平方米，每馆平均从业人员13人，平均每馆藏品数为10630件套。其中有48家民办博物馆建筑面积超过10000平方米，有10家民办博物馆藏品超过10万件（套）。规模最大的四川建川博物馆，建筑面积达61932平方米，其藏品数量亦高达110万件（套），不仅为民办博物馆之首，而且在全国整个博物馆界也居于前列。

在2013年全国博物馆定级评估中，有一家民办博物馆（大唐西市博物馆）被评定为国家二级博物馆，另有华西昆虫博物馆等 11 家民办博物馆被评定为国家三级博物馆。它们代表着民办博物馆综合水平较高的群体。

当前我国民办博物馆中比较有代表性的有三家：北京的观复博物馆，成都的建川博物馆，西安的大唐西市博物馆，它们各有特色。其中建川博物馆可以称为民办博物馆的航母，一方面它的藏品数量多，达 110 万件（套），不但在民办馆中遥遥领先，而且比绝大多数国有馆都多。另一方面它的藏品很有特色，主要有两大类别：一是抗战文物，一是"文革"文物，这两个类别都在全国独占鳌头，有些文物（如大量"文革"文物）虽然目前难以展出，但收藏本身就是在履行博物馆实证历史的职责。

在为民办博物馆的发展感到欣喜的同时，我们也必须看到民办博物馆自身普遍还存在一些有共性的问题。表层的问题有：管理不规范、基础工作薄弱、人才匮乏、违法买卖出土文物、重建馆轻运营等。现有 20% 的民办博物馆尚未完成法人登记手续，在已完成法人登记手续的民办博物馆中 60% 以上还没建立理事会，有 60% 的馆未建立藏品登记和管理制度，以收藏艺术品为主的民办博物馆赝品比例奇高（如冀宝斋），陈列展览数量少质量低。

2013 年 10 月完成的民办博物馆评估显示，在总分为 1000 分的"法人治理""业务活动""诚信建设"和"社会评价" 4 个一级指标、15 个二级指标和 56 个要点中，自愿参与评估的 400 余家民办博物馆（占全国民办博物馆总数的 60%）平均得分仅为 458 分，即还没过半。这一结果可以说是意料之外但也在情理之中。

为了帮助民办博物馆改进和克服上述问题，国家文物局采取了一系列措施：在 2009、2010 年先后在北京和成都召开了全国民办博物馆工作会议，从 2010 年开始连续 3 年在成都、宁波和西安举办了三期全国民办博物馆馆长培训班，2011 至 2012 年开展了国有博物馆对口帮扶民办博物馆的试点，取得了很好的效果。

但是，当前我国民办博物馆存在的最根本问题，是它们基本上还处于个人、家庭、企业"收藏展示馆"这个阶段，普遍还没发育为真正的博物馆。收藏展示馆是国际博物馆发展史上的一个阶段，现在也仍然存在这种形态的机构，它把私有的收藏与公众分享，可以有一定的公益性，但藏品权属是私有的，这与公共博物馆有本质区别。民办博物馆创办者的私人财产权与博物馆的法人财产权混淆不清，就此而言，我国还没有严格符合国际标准和定义的民办博物馆。但是已经出现了一些可喜的迹象和趋势。

国家文物局在鼓励和支持民办博物馆发展的同时，也注重给予引导和规范，已经发布了《民办博物馆章程示范文本》，即将出台《民办博物馆设立指导意见》。现阶段对民办博物馆的登记门槛只有两条：1、藏品要到文物主管部门登记备案，2、博物馆藏品不能再进行买卖。对于民办博物馆藏品涉及违法收藏出土文物的问题，目前主管部门都不予登记，认为否则就等于承认非法获得文物的合法性了，致使这些文物失于监管，仍能非法流通，给民办博物馆和文物市场都造成混乱。这些非法出土文物按法规应由公安部门罚没，但在现实中因情况复杂又不太可行，我个人意见还是允许把这些出土文物登记为博物馆藏品，纳入监管范围，同时不允许继续买卖，这样至少终止了非法流通之路。

从长远来看，要在民办博物馆领域大力推广以理事会为核心的法人治理结构，可由博物馆创办者或其代表、政府主管部门代表、热心博物馆事业的社会人士组成，馆长由理事会任命并对理事会负责。这才是我国民办博物馆可持续发展的长远之路。

四、理念创新：生态博物馆的名与实

生态博物馆的渊源可追溯至 1891 年瑞典建立的斯坎森露天博物馆。最早以"生态博物馆"命名的机构，诞生于 20 世纪 70 年代的法国，如克勒索蒙特索社区生态博物馆，这里的"生态"主要是指文化生态而非单纯的自然生态。大致同一时期，美国史密森尼研究院的博物馆学家提出了"社区博物馆"概念，并建立了安纳柯斯提亚社区博物馆。这里的"社区"重点是指社区人文体系而非单纯的社区地域。生态博物馆与社区博物馆的理念是高度一致的，都突破了传统博物馆的围墙，而着眼于整体的活态文化的保护和传承。它们其实是同一博物馆的不同侧面，生态指其模式，社区指其结构。它们与传统博物馆的区别体现在，传统博物馆是一个建筑里面陈列着一些过去的、静态的物品，而生态博物馆是把一个有价值的社群（村寨、社区）整体上（人、物、生产业态、生活形态）视为保护和传承的对象。

在2012年之前，国际博物馆界对"生态博物馆"一直没有一个能获得公认的定义，也没有一个固定的建设模式。但其基本理念是相同的，都强调整体保护、原生保护、活态保护和自我保护。这意味着生态博物馆涵盖了可移动与不可移动、物质与非物质、文化与自然等多元遗产。也决定了生态博物馆与"仿古一条街"和"民俗旅游村"等模式（亦有价值）有本质区别。

国际博物馆协会不久前刚刚对于生态博物馆的定义形成共识：生态博物馆是一个致力于社区发展的博物馆化的机构。它融合了对该社区所拥有的文化和自然遗产的保存、展现和阐释功能，并反映某特定区域内一种活态的和运转之中的（人文和自然）环境，同时从事与之相关的研究。

生态博物馆（包括社区博物馆）这种"新博物馆"理念诞生的背景：一是工业化和城市发展破坏了自然环境和传统生活方式，唤起了博物馆学家保护和传承文化的使命感；二是工业时代的文化趋同对文化多样性构成威胁，引起知识分子的反思和警惕；三是"垮掉的一代"欧美青年反对政府威权、提倡民众自治。由于契合了西方社会流行的后现代思潮，生态博物馆在欧美国家获得了比较迅速的发展，现在全世界大概有500家左右。上世纪80年代中期由苏东海先生介绍进我国，社区博物馆稍晚一点是在90年代初传进来的。1997年，生态博物馆在我国迈出了高调的一步，中国和挪威两国元首见证了挪威援建我国第一个生态博物馆贵州梭嘎生态博物馆的协议签署。

我国早期和现有的生态博物馆主要集中在文化面貌丰富多彩的西南地区。除梭夏外，贵州继续以中外合作形式建设了花溪、堂安、隆里、地扪并自建了西江、地扪、郎德、怎雷等生态博物馆。广西推行"1+10"模式由广西民族博物馆联动建设了南丹里湖、三江、靖西旧州、贺州莲塘、融水、灵川灵田、东兴三岛、龙胜龙脊、那坡达文、金秀等10家生态博物馆。云南则将生态博物馆理念与传统民族村寨保护结合，建设了腾冲和顺等20余处"民族文化生态村"。

但是，由于生态博物馆是西方工业化以后的产物，重点是保护正在消逝的物质和非物质文化遗产，而我国西南地区大多属于经济贫困的欠发达地区，发展经济、改善生活是当地最迫切的愿望，因此在实践中出现了保护与发展的理念冲突。因此，国家文物局近年来倡导在东、中部一些经济基础较好、文化类型有特色、遗产资源丰厚的地区推广生态博物馆理念，并顺应传统习惯或认知理念，在农村地域使用生态博物馆之名，在城市地域使用社区博物馆之名。2011年将安吉生态博物馆、福州三坊七巷社区博物馆、黎平堂安侗族生态博物馆、屯溪老街社区博物馆、龙胜龙脊壮族生态博物馆公布为全国首批"生态（社区）博物馆示范点"。当然并不是说这五家就是最好的，我国生态博物馆建设最成功的案例应该是贵州地扪生态博物馆。

让我们比较一下同在贵州黔东南的西江千户苗寨（图11）和地扪生态博物馆（图12）。西江千户苗寨名气大得多，是全国最大的苗族村寨，从旅游开发来说也是十分成功的，每天游人不断，在那里可以吃上特色饭菜，可以买到特色纪念品，可以观看苗族风情节目，也起到了传播苗族文化的目的。但是从文化遗产保护角度看是有喜有忧，有利有弊的，甚至某种程度上是忧大于喜，弊大于利。因为西江千户苗寨为了发展旅游作了很大改建，街道拓宽了，广场扩大了，房屋建筑大都是重新建的，虽然外观上和原来差不多但是本质上已经不是原汁原味的了。它的节庆表演也与其自身的生活、文化没有密切联系了，几乎随时去都能看到，是单纯为游客表演的性质。虽然当地经济得到很大发展，民众收入也有很大提高，相关文化也得到了传播，这些方面值得肯定；但是从文化遗产保护角度看，出现了断层和空心化现象，是一种超前消费，等于把子孙后代的钱都预支了。

相反，地扪这个地方没有发展旅游的突出资源，只是一般的山清水秀。地扪生态博物馆在馆长任和昕领导

图 11　西江千户苗寨

下,一方面着手记录和保护当地的文化形态,另一方面组织了村民合作社,将当地的绿色有机稻米销往澳门、香港,每年供不应求,名气打响之后又和国内一些富人聚居的社区签协议,定期包销稻米,在我国食品安全问题十分严重的背景下,他们的产品很受欢迎。现在地扪不仅销售稻米,还进一步生产化妆品、酒。一说化妆品,在座的女士们肯定不以为然,谁会买它村里生产的化妆品啊?可是这化妆品用的是当地原料,品牌却是国际的,由爱马仕的设计师给他做设计和推广。地扪由此走上了良性循环的道路,经济上做到了收支平衡并有盈余,文化上也保护和传承得很好,去年获得了美国政府的一个奖项。现在地扪名气越来越大,去的游客也越来越多,为了保持住自己的特色,走可持续发展之路,地扪博物馆有意识地不让村民留游客吃饭和住宿,这对游客来说不方便,但是对于保护当地文化的原汁原味是必要的。地扪生态博物馆的成功,对于我国广大没有突出旅游资源的村寨是一个可以推广的范例。

生态博物馆虽然是舶来品,但是我国对国际生态博物馆事业也做出了重要贡献。2005 年在贵州六枝召开的国际会议上通过了《六枝原则》,既是生态博物馆建设的经验,也是生态博物馆遵循的规范。而且我国传统博物馆中也有自发的类似生态博物馆实践,广东的孙中山故居纪念馆在萧润君馆长带领下,在过去 20 多年里凭着一个朴素的理念,就是希望让现在和将来的观众仍然能够看见到孙中山先生小时候家乡的风貌,为此竭尽全力保护故居周边环境,把周围的房屋买下恢复原状,还保留了大片农田,继续请人种植水稻,每年春耕秋收,使当地的整体风貌尽可能不发生突变。当然有序的渐变是允许的,也是正常的。这一成功实践也是中国博物馆界的骄傲。

生态博物馆最重要的是其理念而不是名称。文化部推广的"文化生态保护实验区"和国家文物局主抓的"传统村落保护利用综合试点",其实都与生态博物馆同根同源,可以形成互补,共同推进传统文化的保护与传承。

五、结语:以创新推动博物馆事业可持续发展

从国际经验来看,我国当前已进入文化消费快速增长的时期。到 2012 年,全国城镇人口数量已超过农村人口数量,占全国总人口的 51.27%。在上述背景下,博物馆事业在满足广大民众的文化享受和精神需求方面被寄予了更多、更高的期望。西方发达国家平均大约每 10 万人即拥有一座博物馆,而我国目前是大约平均 35

图 12　地扪生态博物馆

万人拥有一座博物馆，差距明显。

"十二五"期间，国家文物局和国家发改委联合启动了"地市级博物馆和文物大县博物馆建设"项目，力争实现每个地级以上中心城市都拥有一个以上功能健全的博物馆。在布局上，要加强中西部地区博物馆建设。在类型上，积极发展科技、艺术、自然、民族民俗、工业遗产、生态社区、数字等专题性、新形态博物馆。继续支持民办博物馆、行业博物馆的健康发展。

然而，在全国 2800 多个县级行政区划中，还有 1600 个县（含县级市）没有综合博物馆；且现有博物馆的质量也参差不齐。据 2012 年统计，全国博物馆中有近 10% 是达不到开放服务条件的"挂牌馆"。

因此，我们在今后的工作中，要避免单纯追求博物馆数量的增长，而应更多地重视博物馆质量的提升。

政策应更多地向基层倾斜，多"雪中送炭"、少"锦上添花"。要进一步完善博物馆相关配套政策，如鼓励捐赠的配套财政税收政策，建立博物馆馆际展览交流和涉外展览的政府担保机制或设立国家保险基金，区别对待古代文物中的濒危动物元件。

争取以民办博物馆（非国有博物馆）为突破口，在博物馆领域探索推广理事会制度，更好地实现博物馆的社会化管理运营。

需要进一步完善博物馆法律体系。博物馆领域急需一部高层级的法律，包括免费开放在内的博物馆领域新政策至今缺少法律保障，存在很大的不确定性。

如前所述，纵向比较，我国博物馆事业当前正处于发展最快的历史时期；而横向比较，中国亦是目前世界上博物馆发展最快的国家之一。应抓住机遇，继续用创新推动博物馆事业的可持续发展，完成我国从博物馆大国到博物馆强国的历史性转变。

历史与艺术并重：中国国家博物馆的展览

陈履生　中国国家博物馆

关于中国国家博物馆，可以用三句话来概括：中国国家博物馆是中华文化的祠堂和祖庙；中国国家博物馆是中国梦的发源地；中国国家博物馆是首都北京的城市客厅。

中国国家博物馆在中国有着特殊的地缘关系，它和我们国家在20世纪的发展史紧密相连。很多公众都不了解中国博物馆的发展以及中国国家博物馆的历史，到今天中国国家博物馆已成立了102年。1912年，在民国开国的第二年，也是中国封建王朝结束后的第二年，经过当时民国教育总长蔡元培先生的提议，在古老中国的北京成立了"国立历史博物馆筹备处"。这个筹备处的成立，标志着中国在走向现代文明和现代社会的道路上迈出了重要一步。因为从康有为到蔡元培，文化先驱们在不断考察国外已有的两百多年博物馆事业发展的历史中，他们知道了博物馆在国外所承载的重要的社会功能。所以，在民国成立的第二年，在百废待兴中，成立了"国立历史博物馆筹备处"，以表现博物馆在现代社会中的特殊作用，具有重要的意义。虽然我们现在无法考证国立历史博物馆筹备处的诸多细节，但十分肯定的是，鲁迅先生作为国立历史博物馆筹备处的一员，参与了早期在北京国子监筹备处的很多工作。应该说，中国的博物馆事业在北京掀开了它的历史篇章。

经历了1949年社会变革之后，与中国国家博物馆相关联的中国革命博物馆和中国历史博物馆矗立在天安门广场的东侧，与人民大会堂遥相呼应，表现出了博物馆在中国社会中特殊的地位。显然，中国国家博物馆不同于世界上绝大多数博物馆的地方，就在于它特殊的地理位置以及与这一位置相关联的专业定位。位置的显赫，本身就说明了它的特殊性。自中国国家博物馆屹立在天安门广场之后，它见证了20世纪，尤其是20世纪50年代以来中国社会发展的历史，并为国家的文化建设作出了重要贡献。而它汇聚超越五千年以上中华文明发展历史的各个时期、各个地区的国宝级文物，不断地发挥着它特殊的教育功能，所以，它被称为中华文化的祠堂和祖庙。

2012年11月29日，中共中央总书记习近平同十八届中央政治局常委在参观中国国家博物馆"复兴之路"展览时首次提出了实现中华民族伟大复兴的"中国梦"。这是一个具有重要社会影响的特别事件。因为在这一事件中，我们看到了博物馆所特有的社会地位。

博物馆也是一个城市的客厅。不管它位居什么区域，它和这座城市都有着难以割舍的联系。它是这座城市的文化窗口、文化地标，它也是这座城市里公众的文化依赖。像上海的公众对上海博物馆、上海美术馆的文化依赖不是从今天开始的，它们有几十年、几代人的传承和记忆。所以，博物馆对于一个城市极其重要，博物馆对于一个城市的公众也非常重要。这是一种互为依存的关系，在这种关系中，博物馆一方面要最大可能地满足观众的需求，另一方面，公众也给予博物馆的发展以很大的鼓励和支持。以上是就中国国家博物馆现今的社会

本文根据2014年5月18日中国国家博物馆副馆长陈履生在上海博物馆的讲座整理。

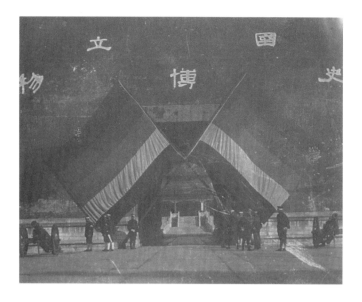

图1 国立历史博物馆

地位所做的一个基本总结。这也是多年来我们以此去经营、管理、维护中国国家博物馆的各方面工作的基础。

中国国家博物馆的前身——国立历史博物馆（图1），其筹备处在建立之初并没有独立的场馆。它设于元朝大德十年所建立的国子监，这是过去无数文人获取功名的地方。至今，我们可以从它的碑文中了解过去上榜的学子，其中有许多是耳熟能详的朝廷官员。国子监曾经是国家最高的文化教育机构和最高学府。国立历史博物馆设址于此，形成了历史文化的对接，但当时还难以顾及博物馆功用上的诸多问题。所以，在1917年，教育部以原馆址"地处偏僻、屋舍狭隘"为由，决议将故宫前面的端门和午门辟为国立历史博物馆，并于1926年10月10日正式开馆。开馆当天的北平万人空巷，有四万五千人参观了博物馆。当然，公众对于博物馆这个新的文化机构的向往，也不仅仅是因为博物馆本身的从无到有，还在于它打开了紫禁城的城门，公众进入到了当时难以进入的紫禁城皇家宫殿。这是当时的一大盛事，也可以说这是一个标志，因为至此，中国具有独立馆舍且能够展开展览活动的博物馆事业，开启了历史的第一个篇章。

此后，直到1959年8月，位于天安门广场东侧的革命博物馆和历史博物馆两馆大楼竣工，成为新中国建国10周年的十大建筑之一。它是我们国家博物馆，也是新中国建设的第一座独立的博物馆建筑。并且，它也是自1912年以来在北京建立的具有独立性的博物馆建筑。更重要的是，它与人民大会堂相对应，成为具有政权象征的天安门广场两侧的"左祖右社"的重要配置，进一步诠释了中国自古以来与政治政权相关的建筑理念，中国国家博物馆也就成了中国文化的祠堂和祖庙。客观来说，限于中国20世纪50年代的经济水平，中国国家博物馆的原址从外观来说和人民大会堂是等量齐观，但它实际的建筑面积却远远小于人民大会堂。当时周恩来总理说天安门广场是"一个肩膀高，一个肩膀低，这有待于以后国家经济发展了，来解决这个问题"。所以，到了2003年2月，政府决定将两馆合并组建新的中国国家博物馆。又于2007年在原址的基础上进行了改、扩建的工程。经过改、扩建之后的中国国家博物馆成为以历史与艺术并重，集收藏、展览、研究、考古、公共教育、文化交流为一体的综合性国家博物馆，它以近20万平方米的建筑面积跃升为世界第一大博物馆。这项工程是第十一个五年计划中的重大文化工程项目，从2007年3月到2010年底，用了近四年的时间。经改扩建以后的中国国家博物馆，以一个崭新的面貌出现，并且现在的建筑面积已经超过了人民大会堂。所以，不仅完成了周恩来总理的遗愿，使天安门广场"左祖右社"这样一个重要的和政权相配的建筑真正成为等量齐观，同时也大大抬升了中国国家博物馆的社会地位。

进入到世界综合性国家博物馆序列中的中国国家博物馆，在社会中也越来越显示出它特殊的地位，更多的承担了外交等重要的国务活动，发挥着超越博物馆专业范围以外的社会作用和影响。很多公众对于这一项职能的转变和所承担的重要国务活动并不是太了解。举最近发生的例子，2012年5月4日，第三轮中美人文交流高层磋商的全体会议在中国国家博物馆举行。中央政治局委员、国务委员刘延东与美国国务卿希拉里·克林顿共同主持了全体会议，并分别发表了重要的致辞。2013年6月27日，美国前国务卿基辛格博士及家人一行访问了国家博物馆,参观了"复兴之路"基本陈列。2013年11月5日,"鲁本斯、凡·戴克与佛兰德斯画派——列支敦士登王室珍藏展"在中国国家博物馆开幕,习近平主席发来贺信,对展览的举办表示热烈祝贺。2013年12月21日,国务院总理李克强与英国首相卡梅伦参观了中国国家博物馆的专题陈列——"中国古代青铜器艺术"和"中国古代佛造像艺术"等展览。2014年1月27日,为庆祝中法建交50周年,国务院副总理刘延东和法国议院议长共同出席了在中国国家博物馆举办的"开拓者的远见和智慧——中法建交50周年回顾展"的开幕式,并且发表了讲话。

图2 纪念中法建交50周年特展展厅

这也就是说,中国国家博物馆因其特殊的社会地位,已经超越了过去我们所认知的历史博物馆和革命博物馆的专业范围,它以一个综合性博物馆的姿态在中国社会中发挥着重要的职能。

所以,本文主题就是关于"历史与艺术并重"。这里,既会谈到中国国家博物馆自组建以来,尤其是经过改扩建工程以后、新馆开馆以来所发生的巨大的变化,同时,我们也会进一步阐释在综合性博物馆的发展中,历史与艺术并重所秉持的特殊立场以及它所具有的特别意义。

历史与艺术并重适应了时代发展的需要,在21世纪中国崛起的国际格局中,建设一个有着相应综合性的国家博物馆是时代的必然。时代不仅造就英雄,时代也造就了很多新事物。中国国家博物馆在中国崛起的新国际格局中崛起,可以说是中国很多事业发展过程中一个特别的案例。因为我们知道,从国子监开始起步的国立历史博物馆筹备处到现如今世界第一大馆的社会地位,正是时代的发展造就了我们今天的成就。

历史与艺术并重在最显著的方面,就是它扩大了博物馆的业务范围,将博物馆从专门性扩大到综合性,使中国国家博物馆的发展进入到世界综合性博物馆发展的序列。在这一国际化轨道的运行中,不仅加强了同一类型博物馆之间的联系,更重要的是在相同的语境中能够携手同行、共同发展、共同提高,在引进来和走出去的两方面同时受益。所以,中国国家博物馆在近三年多的新馆运行过程中,获得展览资源的几率大大提高,展览的质量也大幅提升。可以说,我们在专业方面的变化是非常显著的,因为过去围绕通史陈列的基本业务范围使很多业务工作有着相当的局限性,这样的局限性限制了很多的对外合作交流,以及对外合作交流的专业范围。

下面我要举一个特别的案例,就是最近正在中国国家博物馆热展的一个特别展览:"名馆·名家·名作"——纪念中法建交50周年特展(图2)。中国国家主席习近平与法国总统奥朗德为这个展览题写了贺词。这是一个什么样的展览能受到如此高的重视?因为中法建交50周年的特别纪念说明了中法关系进入到了前所未有的最佳状态。中法建交50年以来,中法关系一直在往前走,发展到今天,法国方面给予这次中法建交50周年以高度的重视。这个展览的特别之处在于它是法国历史上第一次以5家著名博物馆合作举办的方式把一个展览推到国外。这个展览也是法国总统奥朗德提议举办的展览。客观上来说,如果我们没有综合性大馆的社会地位,这个展览是不可能来到中国国家博物馆的。从以往的资料中我们了解到,在中法建交40周年时,当时举办了一个印象派大展,就没有放在我们馆而是选择了中国美术馆。到了十年之后的中法建交50周年,这个重要而且特别的展览放在了中国国家博物馆。这个展览在北京引起了巨大的轰动,因为有卢浮宫、奥赛、凡尔赛、毕加索、蓬皮杜这5家法国著名的博物馆共同提供藏品,而且在这8位画家10幅作品的构架下,我们看到了一个

图3 法国国王弗朗索瓦一世像
让·克鲁埃
卢浮宫博物馆藏

图4 木匠圣约瑟
拉·图尔
卢浮宫博物馆藏

图5 门闩
让·奥诺雷佛·弗拉戈纳尔
卢浮宫博物馆藏

横跨法国艺术历史500年的发展过程。我们从艺术与权力、影与光、爱与欲望、艺术与生活、艺术与时代等几个方面看到了法国艺术发展中的最核心问题，而这10幅作品全都是法国艺术史中最重要的代表作。我曾经在新闻发布会上对记者说，"如果编就一部法国艺术史，用一百幅图像组成的话，那么这10幅作品一定是这本书中的重要内容"。

习近平主席在给这个展览的贺词中特别提出了"文明因交流互鉴而丰富"的概念。这样一个概念也使得我们通过一个展览了解到文化交流的重要性，它已经突破了文化和艺术自身，突破了博物馆之间的交流互鉴，而更重要的是它让博物馆之间的文化交流上升到外交的层面，成为外交事业的一个重要组成部分。博物馆以一个全新的姿态把自己的专业范围延伸到与社会、政治、经济、公众这些更为广泛的联系之中。法国总统奥朗德在致辞中也特别提到了普世价值的艺术问题。虽然在很多的观点中，人们对于普世价值的怀疑是客观存在的，但对于艺术的普世价值的存在可能有一种共识。这也就是说，通过艺术来解决一些外交政治中不能解决的问题成为一种可能。这种可能性也为博物馆事业的发展提供了一个新的平台。

展览从影响法国艺术开端的《佛朗索瓦一世像》（图3）开始，由卢浮宫提供藏品。由于弗朗索瓦一世直接引进了意大利文艺复兴的成果，他把意大利文艺复兴时期的重要艺术家引进到巴黎，带动了法国艺术的开端，也带动了法国艺术由此走向世界艺术的新的巅峰。

拉·图尔是世界艺术史上一位重要的画家，他以擅长描绘影与光而著名。在《木匠圣约瑟》（图4）中，从年幼的耶稣到他的义父，到没有出现的圣母玛利亚等，通过一个特别的宗教故事，为我们阐释了文艺复兴的成果。文艺复兴使宗教回归到社会现实中，很多描绘宗教的题材都脱离了宗教的影子，所以这幅画更像一个普通的市民生活的写照。而且，影与光也表达出现实的感觉，尤其是画中小女孩手作防风的姿势捂着蜡烛，那种透光的血的流动，以及指甲上透露出来的泥土等，表现出精细入微的刻画，光与影的关系也得到了最完美的表现。这幅画的重要性还在于拉·图尔的经典代表之作能到中国来展出是非常不易的。

《门闩》（图5）表达了法国艺术中一个特别的题材——爱与欲望。我们看到了在古典主义风格影响下法国绘画中的基本程式。不管是画中男士背对着观众，一只手去拨动门闩，还是在他斜线对应的桌上代表着原罪的苹果；不管是红色的帷幔还是凌乱的床，都使得爱与欲望这个主题可以让观众作充分的想象。

《路易十四全身像》（图6）是此次展览中唯一由凡尔赛宫提供的藏品。从弗朗索瓦一世到路易十四，法国艺术进入了一个新的时期。路易十四对于推动法国艺术发展的功劳和贡献和弗朗索瓦相当。没有路易十四的推动，法国艺术在弗朗索瓦所开创的路途中不可能做到很深入地向前发展。这幅画是路易十四为其孙子比利时国

图6 路易十四全身像
亚特森·里戈
凡尔赛宫藏

图7 煎饼磨坊的舞会
奥古斯特·雷诺阿
奥赛博物馆藏

图8 秋千
奥古斯特·雷诺阿
奥赛博物馆藏

王所绘的一幅肖像画，得到了路易十四的高度赞扬，于是他又让作者里戈另外又画了一幅，凡尔赛宫保存的是里戈后来画的一幅。由于路易十四的追捧，里戈成为法国当时最重要的肖像画家，而肖像画也在这一时期开始成为法国社会的时髦。很多人都去绘制自己的肖像画或为他人制作肖像画，因此肖像画在路易十四时期及之后得到了长足的发展。

雷诺阿的《煎饼磨坊的舞会》（图7）是一幅令人惊叹的举世名画，前不久由北京大学出版社出版的一部荷兰学者写的《十九世纪欧洲艺术史》的封面就是用的这幅画。从古典主义进入印象主义，法国艺术也进入了新的时期。在这个新的时期，印象派绘画的崛起，从不为人知到普世皆知、广为认同，可以说印象派的绘画反映了法国艺术中一种流淌不变的创新精神。为什么选取雷诺阿这幅画，很多人感到疑惑，为何没有看到莫奈的《睡莲》，也没有看到《日出·印象》以及其他印象派画家的作品，唯独有雷诺阿的两幅。显然，策划人选取十幅画的重点是表达巴黎蒙马特高地上印象派画家经常徜徉于此的市民生活。这里有下层居民最普通的生活方式，也有巴黎中下阶层经常举办的舞会。印象派画家以他特有的艺术魅力，在光与影之间描绘出了阳光下的露天舞会。光与影所表达出的印象派最核心的语言使我们看到了它给予古典主义绘画传承发展中的最重要的转折。

雷诺阿的另一幅作品《秋千》（图8），在这幅作品中，我们依然看到了印象派画家不同于古典主义画家，不是把描绘的对象集中在君王、宗教人物、宗教故事上，而是放到社会最基层的民众上。由散漫的阳光洒落在各种物体之上的感觉所形成的丰富的色彩变化，给我们展现了印象派艺术的独特神采。

由毕加索博物馆提供的毕加索的两幅画，从1921年的《读信》（图9）到1970年的《斗牛士》（图10）可以反映出毕加索50年绘画艺术发展的过程，毕加索在20年代已经创立了立体主义，且已逐渐为人们所知，巴黎的画商沃拉尔在当时已经盯上了毕加索。从1936年开始，沃拉尔请毕加索专门绘制了100幅版画，也就是前不久在中国国家博物馆展出的"毕加索沃拉尔版画系列"。在1921年这个时期，类似像《读信》这样风格的作品是比较少见的，也是毕加索这一时期最重要的代表作，因为进入立体主义时期的毕加索，他的语言、色彩和过去有很大不同。既不同于古典主义，也没有传承印象派的色彩表现方法，他把人物做了平面化的处理，并没有作出立体主义的安排。毕加索的这件作品是为怀念去世两年的作家朋友而创作，他表达出来的感觉为我们了解毕加索艺术的多样性以及他的才华都提供了最直接的资料。

而《斗牛士》则反映了他晚年的作品，这件作品把立体主义的技法运用得非常纯熟，不仅表现了具有象征性的各种斗牛士装束，从配件都可以看到毕加索手下的斗牛士既有他童年的记忆，也有对于斗牛士特殊人物的诠释。可以说，进入立体主义时期的毕加索作品掀开了20世纪法国现代主义的新篇章。这两幅代表作都为我

图 9　读信　　　　　　　图 10　斗牛士　　　　　　图 11　三个肖像的构图
巴勃罗·毕加索　　　　　巴勃罗·毕加索　　　　　费尔南·莱热
毕加索博物馆藏　　　　　毕加索博物馆藏　　　　　蓬皮杜现代艺术中心藏

们了解毕加索，认识毕加索提供了特别的个案。

当然需要特别指出的是，在这十幅作品中法国人选择了西班牙籍的画家毕加索，把他作为法国画家来认同，也表现了法国艺术兼收并蓄的包容精神。

在现代主义的发展过程中，由蓬皮杜现代艺术中心所提供的莱热和苏拉热的作品，也让我们了解了20世纪西方现代主义艺术兴起过程中每一个时段出现的大师。《三个肖像的构图》（图11）和毕加索《读信》的创作年代相仿，而且作者莱热和毕加索一样都是法国共产党党员，但他们对于社会政治的看法以及他们对于艺术的表达方式完全不一样。莱热通过工业社会中具有标志性的图形以及平面化的处理和变形来描绘三个肖像，让我们看到了法国艺术在这一时期对一个新时代的贡献，在这个贡献中我们看到了法国艺术经历古典主义、印象主义和现代主义三个不同时期的创造。苏拉热的《油画》（图12）创作于1956年，也是10位画家持续500年的发展过程中唯一一位还健在的画家。这也是法国方面的策展人给予的特别的解释，为什么选这两幅作品。当时在谈判的过程当中，我们提出来一定要选择重要的名画，而且是能为中国公众所知晓的。后来法国方面的策展人提出来，他们希望能有少量的作品是法国家喻户晓但是中国公众并不知道或者很少知道的画家，让中国公众了解法国艺术的多样性。我认为这样的道理也是能够成立的，这样的安排也是合理的，所以这次10幅作品把法国绘画500年的全貌呈现给观众，打开了认识法国艺术本质的重要窗口。

另外我想介绍，同样是由习主席题写贺词的"鲁本斯、凡·戴克与弗兰德斯画派——列支敦士登王室珍藏展览"（图13）。有很多公众可能不太了解列支敦士登这个国家。这是全世界最小的国家之一，只有近4万人。但是，这个展览是我们的国家元首第一次为一个展览题写贺词，凸显了中国在外交中国家不分大小这样一个原则。列支敦士登王室珍藏展览有着丰富的内容，大公国的城堡就像一个藏品丰富的博物馆仓库，在仓库的库房中我们可以发现很多精品，很多过去没见到，但是，在美术史的著作中见到过的作品，包括鲁本斯的《小孩头像》（图14），也是很多西方美术史著作中作插图的一件作品，可是过去我们并不知道是由列支敦士登王室珍藏。画面中的这个女孩是鲁本斯的六岁的女儿。列支敦士登王室珍藏的丰富，我们可以从这个展览中了解一般。因为它有大量鲁本斯与凡·戴克的作品，作为弗兰德斯画派的重要画家，这两位画家为弗兰德斯画派作出了重要的贡献。尤其是凡·戴克的肖像画，和鲁本斯建立起来的巴洛克风格，都为我们提供了了解西方艺术发展过程中的一些最引人入胜的内容。

为了中国公众的愿望，我们到大公国的库房里去挑选展品。展览中有4件挂毯，在8件挂毯收藏中，后来经过与对方反复商量，筛选了其中的4幅。我们认为中国公众还是希望多看画，少看被认为是工艺品的挂毯，

图12　油画
皮埃尔·苏拉热
蓬皮杜现代艺术中心藏

图13　鲁本斯、凡·戴克与弗兰德斯画派——列支敦士登王室珍藏展展厅

图14　小孩头像
鲁本斯
列支敦士登王室藏

尽管挂毯的价值远远高于绘画，鲁本斯的艺术挂毯在当时的价格是10倍于原稿的绘画。虽然列支敦士登王室希望拿出最好的作品来中国展出，但我们认为还是要尊重中国公众的感受和需求。另一个原因是，这些挂毯巨大，一幅有银幕这么大，特别占地方，如果8件全部展出，将会改变展览的性质。

回到原来的话题，讲历史与艺术并重在综合性博物馆中特别的意义。历史与艺术并重提升了博物馆的社会地位，因为综合性博物馆实际具有的"综合性"的性质，在馆藏及藏品展览、研究等专业影响力方面，加强了公信力，也加强了公众对于国家级公益文化设施的依赖度，公众以有这样的代表国家形象的画展而感到骄傲。我们做了调查，很多人包括来旅行的，进入中国国家博物馆后，他们都感到非常骄傲，大家没想到在中国能出现这么一个大馆。

历史与艺术并重也提高了社会的关注度。我们的业务范围扩大，从历史和艺术两个方面都有关注，于是观众量逐年攀升，现在我们每天的观众量平均是两万多人，夏季达到过四万多人。各类媒体给予中国国家博物馆工作的报道也达到前所未有的力度。在网上，只要打开网页就可以看到我们博物馆各种信息，各种报道。可以说，迄今为止对于我们的报道虽然不能说没有负面的，但负面的极少。在主流媒体几乎没有，可能在微博上有一些。

中国国家博物馆进入到世界综合性博物馆的运行轨道之后，我们能更好地分享世界上各个博物馆的藏品和资源。在具体工作中，我们和世界一些著名博物馆建立的互信，不仅有利于展览计划的推进，而且在展览的策划、运输保险等技术层面上，也有比较顺畅的合作。更重要的是，在获得展览资源的基础上有很多美好的意外，这些意外能让我们花小钱办大事。比如前年与美国大都会博物馆合办的"道法自然：美国大都会博物馆藏品展"（图15），还有去年与法国卢浮宫合作的"地中海文明展"（图16）。这两个展览的合作，如果没有中国国家博物馆大馆的地位以及综合性博物馆在业务方面的能力，是不可能进行的，为什么？因为我们作为公益型的文化事业单位，每年的财务预算是有一定限额的。如果按常规要举办和美国大都会、卢浮宫这类顶级博物馆合作的大型展览，一个展览的预算一般不低于人民币1500万元。也就是说，在有限的经费中，一年有可能举办的外展最多不会超过两个。但我们新馆开馆3年来，我们已经举办了15个对外合作的展览，和不少世界著名的博物馆都有过合作。尤其我们要谈到的美好的意外，就是和美国大都会以及卢浮宫合作的这两个展览。因为基于馆际之间的合作，基于综合性博物馆以及我们馆的硬件设施等，使得我们这两个展览只花了人民币500万元，原因就在于这两个展览都是由东京而到北京的过路展览。这个过路的展览使得我们有可能省去了借展费，以及部分保险费、运输费等前期的费用。我们只支付了东京到北京、北京到纽约或北京到巴黎的保险费和运输费。相关

图15 "道法自然：美国大都会博物馆藏品展"展厅

图16 "地中海文明展"展厅

的费用每个展览能省1000万元左右。正因为我们成为了综合性博物馆之后，我们才得以和国际博物馆业分享展览的资源。我们和东京国立博物馆有一个中日韩国家博物馆合作机制，每年都要开馆长论坛。今年，三国的国家博物馆将第一次联合举办一个陶瓷展。这样一个综合性的国际运作的平台，使得我们能分享到很多的资源，这些资源对于博物馆来说是非常重要的。

另外介绍我们馆刚开幕的展览——"罗马与巴洛克艺术"（图17），这个展览是中意两国"5年合作交换展厅计划"中的第二个展览。从2012年开始，中国和意大利两国互相在对方的首都建立自己的展厅，意大利方面选在了我们馆，而我们国家的展厅选在了罗马的威尼斯宫。这样一个对外合作的过程，展现了中国国家博物馆从过去历史类博物馆转向历史与艺术并重的综合性博物馆之后的新景象，而与意大利方面的合作也成为全世界博物馆界的典范。因为在全世界已有的记录中，并没有两个国家之间基于对方博物馆建立长期展厅的记录，虽然这个"长期"只有5年，但也为我们开拓了国与国之间、馆与馆之间特别的交流渠道。我们和意大利方面的合作并不是和意大利的某一个馆，而是和意大利的文化遗产部。在这样的背景下，2012年，我们举办了展览"佛罗伦萨与文艺复兴"，展览中文艺复兴时期的重要艺术家达·芬奇、米开朗基罗、拉斐尔等人的重要作品悉数来到了中国，深受欢迎。第二个展览"罗马与巴洛克艺术"由于一些客观原因，包括意大利全国罢工、文化部长换人、司长换人等，使得这个展览没有如期在2013年举办，而是延迟到2014年4月底，这个展览中，我们第一次完整展现了巴洛克艺术的风采。要提示大家的是，有一些巴洛克时代重要的作品可能在展览中没有看到，这是因为意大利文化遗产保护法规的规定，有些重要作品要求三个月交换一次，有些作品在三个月之后会被换掉，而有的重要作品可能这三个月内没有，而在后面三个月内出现，所以会有一些变化。

历史与艺术并重让我们还原了历史文物的原有面貌，更加明确了历史文物的文化属性，使其在表现历史意义之外，还以历史艺术品的身份在综合性博物馆中承担着多样的身份或角色。在专业指向和专业身份之间，因为指向不同而有不同的身份，不同身份的表达有不同的价值取向。现在中国国家博物馆中的中国古代青铜器、佛造像、陶瓷、家具等专题陈列实际上都是专题性的古代艺术展览。历史与艺术并重的定位在这些专题中也获

图 17.1　"罗马与巴洛克艺术"展厅　　　　　　　图 17.2　"罗马与巴洛克艺术"布展

得了确认。我们的馆藏文物过去在原来历史博物馆的专题陈列中它是历史文物,并没有把它作为艺术品来看待。尤其从 50 年代开始,以阶级斗争、以社会发展等方面而呈现的中国古代通史陈列,很多的历史文物实际上是那个时代最重要的艺术品,包括青铜器、佛造像、陶瓷、家具、玉器等。今天,当我们变成综合性博物馆之后,在十几个专题的陈列中,我们更多地把过去这些被称为历史文物的展品看成是历史上的艺术品。所以,历史与艺术并重为我们在专业方面打开了一个更开阔的视野,也解决了我们在认知中的一些问题。

　　历史与艺术并重延伸了我们做临时展览的专业空间。在更多的艺术类的临展进入博物馆后,通过艺术类的临展调节了博物馆展览的整体构成,以更丰富更多样的态势,使中国国家博物馆的展览呈现新的时代格局。以多样和不断变化的艺术临展衬托了具有深厚历史感的长期陈列,增加了中国国家博物馆的看点和亮点。这个可以说是非常明显的变化,因为在过去一年的展览数量非常有限,现在经过发展定位的调整之后,一年的展览数量已经能达到大概 40 多个展览,所以我们的看点和亮点不断变化。我们也以不断的变化来吸引公众走进博物馆。我们国家的公众可能和西方发达国家的公众不太一样。我们习惯于不断地变化,而一个博物馆需要有推动力,就需要有不断变化的展览来吸引观众。用一成不变的某个展览来做长期陈列可能会导致观众量的大大降低,因此,在发展定位调整之后,我们所展现出新的展览格局带来了观众量的提升。

　　历史与艺术并重也增强了博物馆的艺术素质,使博物馆流淌着艺术的血脉,造就了新的形象。一座博物馆的魅力是由多方面构成的,其中艺术的素质是最重要的方面。博物馆有藏品,尤其是今年国际博物馆日的主题就是:藏品,架构交流的桥梁。藏品多样的文化内涵,使得我们对待藏品的问题上有不同的处理。历史与艺术并重将发挥它们的艺术潜质,更多地用艺术的形象来吸引观众。历史与艺术并重加深了历史与艺术的融合,以相得益彰的内在关联,使历史类的展览加强了艺术的表达,使艺术类的展览添加了历史的厚重,这种在专业中的互相辉映,为国家博物馆增添了时代的风采。在这一点上,我们最为显著的专业表现在于对待艺术类的展览,与一般的美术馆不同,我们通过展览策划更多地强化这个展览所具有的历史感,和我们馆展出的古代中国各个时代的重要历史文物相辉映,形成一种比照,而不是纯粹把重点放在艺术本身。有些当代艺术展览选择我们馆,也是希望借助于我们馆陈列的古代历史文物,表达他们与中国传统文化之间的关联,因为在这样的关联中才能看出来当代艺术家们所努力的发展方向和目标。

　　历史与艺术并重的综合性国家博物馆为各方面的工作提出了新的要求,尤其是在公共文化服务体系的建设方面,呈现出新的时代格局。这一点要做一个特别的说明。因为顺应变化,意味着我们要积极应对这个变化中出现的新问题,就要建构历史与艺术并重的展览体系。截止到目前,在我们馆里展出的一共有 16 个展览,其中有 2 个长期的基本陈列和 12 个专题展、2 个外展,以及 4 至 5 个临时展览。在这样的构成当中,可以看到展览的数量和基本的构成体系中的平衡问题。围绕着这些工作,我们展开了展厅的讲解服务、公共教育以及专

图18 "复兴之路"图录捐赠

题讲座。今天是世界博物馆日,在中国国家博物馆也有我们自己的博物馆日讲座。我的同事开玩笑说,国际博物馆日你不在我们馆讲,跑上海讲去了!我说,博物馆不分区域,是全民共享,我们所做的工作不是为某一个区域的人去服务,我们要为更大区域范围内的公众服务,要有传教士那样的精神。当然,我们也做了社会性的公益活动,这些活动也是基于我们综合性博物馆必须做出的现实回应。比如,习总书记带领十八大之后的新的中央领导集体来参观"复兴之路"之后,我们的"复兴之路"展览一段时间之内人潮涌动,很多单位都组织来参观。但边远地区、新疆、西藏以及贫困地区的很多人难以获得这样的机会,因此,我们把印制的"复兴之路"这个展览主要内容的图册无偿捐赠给新疆、西藏包括雅安地震灾区和贫困地区的文教部门和学校(图18),让更多的人了解"复兴之路"的内容。

我们馆也在互联网应用上做了些工作,推动展览让更多的观众了解,也让我们各项业务更广泛地向公众开放。这就是如何突破实体建筑的博物馆而向互联网的虚拟博物馆的方向去努力,今天我们馆的官网中的西班牙文和俄文版本上线,到目前为止已经有9种语言,除了中文之外,包括英文、法文、德文、意大利文、俄文、西班牙文、日文和韩文。拥有九种语言版本的官方网站在全世界也是属于前列的。另外,中国国家博物馆的官方微博有400万粉丝,在全国政务系统的官方微博中排名第六位。这给我们一些安慰,因为客观来说,在微博上我们发布一条消息就有400万受众,所以,我们不断拉近各项工作与公众之间距离。今天是世界博物馆日,我们馆特别推出了基于微博和微信的专题节目。我们微信的公众账号,大概有40万听众,除了"国家博物馆"之外,另外还有一个比较特别的账号叫"小博"。大家可以加这两个账号去了解国家博物馆的有关情况。在新媒体应用方面,为了更好地为公众服务,也是体现综合性博物馆的姿态,我们已经推出了基于国博平台的导览系统,所以现在的展厅中既有二维码的导览,也有微信的导览,建立了一个多维的导览体系。其中,二维码的导览有语音,我们聘请了北京电视台、广播电视台的播音员作为志愿者来念这些解说词。这些工作只是初步的开端,作为综合性博物馆我们要做的事情还有很多,很多方面还有待提高。我们有许多工作已经做得很好,但也有很多事做得不足。当然,中国博物馆的事业才走过102年的历程,相比于西方300多年历史来说,我们的发展仅仅是基于改革开放以后各省市博物馆的发展齐头并进。所以,我们的发展路程走得并不远,时间也有限。但是,我们看到了所取得的成就,也看到了博物馆观众数量越来越多。我们一年700多万的参观数量在世界综合性大馆中不算最高,但是还可以。基于公众的服务我们也做了许多尝试,包括这次法国展开展之后,在前两个礼拜我们每天的观众人次是3000多人。一个展厅涌入3000多人,说实话展览已经没办法看了,因此,我们从上个月开始,每周的周末开夜场,来解决观众观赏舒适度的问题,也是满足观众的要求。客观来说,我们馆和世界上很多博物馆相比,也有我们的难处。中国国家博物馆在天安门广场周边,安全保卫等很多方面面临很严重的负担。所以我们在微博上发了开夜场的信息后,有很多博物馆界的同仁朋友们都笑话说你开个夜场还当回事,我们早就有夜场了。当然很多地方办夜场轻而易举,我们要是办夜场是有相当的困难,因为馆舍面积非常大,20万平方米,开夜场动用的人数可能要比一般的博物馆的总人数还要多。夜场可以不开,不开没人说你不好,如果开夜场,你服务不周到,出现这样那样的问题,就会适得其反，但是，这次我们开了一个月的夜场之后，总结下来还是期望把夜场常态化固定下来，更好地满足公众的需求（图19）。

当然，中国国家博物馆也不同于上海博物馆。而我们面对全国各地的游客比较多，公民素质是客观存在的一个问题。我们展厅中的护栏数是全世界博物馆里最多的，就算这样还是不能拦住那些缺少规矩的观众。我们没有办法去指责观众，只能去加强护栏的数量和稳定度来做出回应。在我们的法国展中，护栏是最特殊的，原来的护栏立在那里一推就倒，我们特别加

图19　纪念中法建交50周年特展开放夜场

了两个管子伸到墙上加强固定。也有观众不理解，说为什么不让拍照。法国展刚开始的时候是可以拍照的，但是确实某些观众素质不好，到博物馆来把拍照作为首位，把欣赏原作作为次要的事情。在开馆的一个礼拜时因为拍照发生了严重的事件，虽然没有造成危害，但给我们敲响警钟。我们这个展览所有作品的保价是3.28亿欧元，雷诺阿《煎饼磨坊的舞会》的保价将近1亿欧元。在雷诺阿这幅作品前观众非常多，两位观众为拍照打架，一个把另一个的手机打飞了，砸在画框上面，还好没有产生问题。所以，第二天我们采取紧急措施，从此不许拍照。现在我们在每一幅作品前都有一个"严禁摄影"的牌子。所以讲实话，有的工作可能是我们没有做好，而有的事情实在是没有办法。我们馆每年洗手间的用纸就是一项巨大的消耗。所以，有一个巨无霸体量的博物馆也会带来问题，这些问题都是发展中的问题。

总之，我们也在不断地学习，做好教育、推广工作，着眼于下一代，更好地提升他们对博物馆的感觉、尊重博物馆的文化，使他们能够把对文化的敬畏反映到一言一行中去。

承接历史，续写新篇
——河北省博物馆新馆建设与展览

刘栋　河北省博物馆

河北省历史悠久，文化遗产丰富，历代先民创造了灿烂辉煌的古代文明。现已查明不可移动文物33473处，其中全国重点文物保护单位278处，居全国第三；省级以上文物保护单位930处，居全国第二。馆（库）藏可移动文物91万件（套），居全国前列。拥有世界文化遗产三项五处：金山岭长城和山海关长城、承德避暑山庄及周围寺庙、清东陵和清西陵；拥有国家级历史文化名城五座：保定、邯郸、承德、正定和山海关。河北历史文化具有历史悠久、连绵不断、没有时代缺环、种类丰富、门类齐全、价值高，分布广等四个特点。

一、河北省博物馆的历史沿革

河北省博物馆始建于1953年4月，馆址选在原省会保定市古莲花池松鹤园。1982年3月迁到新省会石家庄，借用河北省展览馆办公并举办展览。1986年12月省委省政府决定撤销省展览馆建制，与河北省博物馆合并，改建为新的河北省博物馆。1987年10月1日，合并后的博物馆正式对外开放。河北省博物馆是河北省唯一一座省级综合性博物馆、国家一级博物馆、全国爱国主义教育示范基地，2001年被河北省人民政府公布为省级文物保护单位。

河北省博物馆老馆（图1）于1968年6月27日正式开工建设，当年11月11日主体工程竣工，建筑面积20028㎡，主楼最高27.2米，一、二层共有18个展览大厅，展示面积11000㎡，建设当中的人工全部为义务劳动。当时老馆建筑名为"毛泽东思想胜利万岁展览馆"，经过精心设计，老建筑东西两侧对称各有一个内庭院，使南北呈现出一个规整的"中"字形，平面布局平整，造型简洁。

当时，老馆建筑每一个细节都有政治含义，如：环绕四周的56根廊柱，象征着中国56个民族，从美学角度看，它们不但丰富了建筑造型，还对增强建筑物高大、挺拔的气势起着十分重要的作用；序厅、展厅、后厅里的顶灯、吊灯、壁灯等灯饰均设计成葵花形，吊灯底座、序厅屋顶、回廊及外廊柱额枋上等装饰图案也都巧妙设计成不同的葵花形，寓意"朵朵葵花向太阳"；廊柱墩上的忍冬草花纹，寓意党和人民具有坚韧不拔的精神。

河北省博物馆位于省会石家庄市的中心位置，在方圆约700米范围内，分布着省博物馆、省图书馆、省科技馆、省演艺集团等十余家文化服务单位。省博物馆广场地标为省会文化广场，这是一个名副其实的文化聚集区，这也是我们选择在原址扩建新馆的重要原因之一。

图1　河北省博物馆老馆　　　　　　　　　　图2　河北省博物馆新、老馆建筑设计效果图

二、河北博物馆新馆建设

随着博物馆事业的不断发展，原有建筑面积已不能满足人民群众的文化需求，河北省委、省政府决定在老馆基础上扩建新馆。新馆建筑设计地上三层、地下一层，总建筑面积33100㎡，共11个展厅，展示面积11000㎡，总投资6.28亿元。

2006年9月6日新馆改扩建工程在老馆南侧奠基动工，2013年4月19日新馆交付使用，2013年6月8日新馆对外开放试运行，推出一层"曲阳石雕""北朝壁画"和"名窑名瓷"三个专题陈列。新馆建筑主体设计为简洁的方型，东西两侧对称各有一个内庭院，周围环以高大廊柱，主色调为米黄色，基本上呼应了旧馆的建筑形制和主色调。在新、老两个建筑之间设计一个钢结构、玻璃装饰的阳光大厅（平面呈1800㎡的方形，钢结构总高度47.5米），正好位于新、老建筑体的几何中心，将两者连接在一起，其水晶体形顶部突出于天际线，自然成为整个建筑的视觉中心，对平缓的整体建筑轮廓线起到统领作用，像一块巨大的宝石镶嵌在新、老建筑中间，在空间建筑关系上使两个建筑"长"在了一起。新、老建筑连为一体的概念设计出自清华大学关肇邺院士之手。（图2）（图3）

在原址基础上扩建新馆的做法得到了国家文物局的充分肯定，国家文物局也向全国各省市区推广这种做法。

新馆扩建后，河北省博物馆馆舍总建筑面积增加到53128㎡，展示面积增加到22000㎡。馆舍建筑分为南北两区，南区为新馆，北区为老馆。从服务功能上大体划分为：南区为基本陈列展区，北区为临时展览展区，新老建筑中间的阳光大厅为观众休闲服务区（地下一层为观众餐饮服务、一层为文化产品商店、二层为观众休闲服务）。新、老馆建筑完美衔接，整体协调统一，巍峨壮丽，已成为石家庄最具文化气息的标志性建筑景观，更是人们的一处精神家园。

目前，河北省委省政府已批准组建河北博物院。2012年3月省编委批复省文化厅同意组建河北博物院，升格为副厅级事业单位，核定事业编制230人。2013年12月，河北省委、省政府任命罗向军同志为河北博物院党委书记、院长，12月23日罗向军同志到任。2014年6月9日我们将举行河北博物院揭牌暨正式开放仪式。

①	②
③	④
⑤	

图 3.1　新、老馆东侧主体建筑实景照片

图 3.2　新馆中央大厅

图 3.3　新馆东侧内庭院

图 3.4　新、老馆结合部阳光大厅

图 3.5　新馆南门实景照片

三、新馆陈列体系策划

河北省博物馆新馆陈列体系没有搞通史陈列，而是按专题来陈列，策划了两条主线：一条主线是历史专题系列，另一条主线是艺术专题系列。涉及9个基本陈列，展出文物5000余件（套），其中：南区安排8个陈列，北区安排1个陈列。

（一）历史专题系列，撷取河北200万年历史中较为精彩的几个篇章，制作6个陈列。包括：

1."石器时代的河北"，占用南区三层一个展厅，展现旧石器时代、新石器时代的历史。

2."河北商代文明"，占用南区三层一个展厅，通过展示藁城台西遗址等商代文化遗存，展现商代文明。

3."慷慨悲歌——燕赵故事"，占用南区三层两个展厅，重现战国时期燕、赵两个诸侯国可歌可泣的历史，追寻燕赵文化的源头，体现河北慷慨豪爽、诚信忠义地方风骨的形成脉络。

4."战国雄风——古中山国"，占用南区二层两个展厅，展示战国时期狄族鲜虞部在河北中南部建立的中山国的历史和带有鲜明游牧民族风格的文物。

5."大汉绝唱——满城汉墓"，占用南区二层两个展厅，展示西汉第一代中山国王靖王刘胜和王后窦绾墓出土的精美文物，通过文物了解刘胜其人及西汉历史片段。

6."百年掠影——近代河北"，占用北区二层两个展厅。

（二）艺术专题系列，以展示河北古代艺术为宗旨，精心策划了3个陈列，均分布在南区一层。包括：

1."北朝壁画"，占用一个展厅，主要展示河北磁县一带发现的北朝时期的墓葬壁画。

2."曲阳石雕"，占用一个展厅，主要展示馆藏的一批古代曲阳石雕精品。

3."名窑名瓷"，占用一个展厅，除展出河北四大名窑邢窑、定窑、磁州窑和井陉窑瓷器精品外，还将陈列早期青瓷、河北几处元代窖藏和墓葬出土的元瓷精品，以及明清官窑瓷器，突出河北陶瓷大省的地位。

四、基本陈列特色及珍贵文物

（一）已陆续开放的五个基本陈列

1."北朝壁画"陈列（图4）

该陈列展示面积850㎡，展出6件壁画原作、158件壁画墓出土的陶俑、壁画摹本400余㎡。河北南部是东魏和北齐的国都所在地，分布着一批皇室墓葬，墓中壁画体量巨大、绘制精美。此次展出了北齐开国皇帝高洋墓出土的6幅壁画原件，以及东魏茹茹公主墓、元祜墓、北齐高洋墓、高润墓、高孝绪墓壁画的临摹作品。

为了更好地展现北朝壁画风采，我们采用了不同的临摹方式表现不同阶段壁画的面貌。

高洋墓东壁壁画（图5.1），采用复原手法临摹，画幅与壁画原作比例为1:1，线条、色彩还原为绘画的初始情景，8.2米高、37米长的巨幅壁画顶天立地，人物、动物完整无缺，鲜艳夺目，生动地还原了壁画原貌。

高洋墓西壁壁画（图5.2），采用线描手法，根据展厅情况缩小为原画作的二分之一，表现了壁画创作中勾线阶段的面貌。

其他墓葬壁画（图5.3）采用写实手法，临摹的是壁画被发掘后的情景，表现了岁月对壁画的侵蚀状况。

高洋墓墓道图案（图5.4）。对展厅部分地面的处理方法是将高洋墓、茹茹公主墓墓道地面上的莲花、缠枝忍冬等装饰图案，采取喷绘的方式将喷绘图案粘贴到地面上，然后在图案上涂刷两层透明环氧树脂，地表层再涂刷一层无光透明环氧树脂，营造墓道的环境气氛，观众可在图案上行走，欣赏地面图案。

该陈列中展出的北齐文宣帝高洋墓墓道壁画（图6），被评为入展文物十大珍宝之一。1989年磁县湾漳村

图 4 "北朝壁画"展厅实景

图 5.1 高洋墓东壁壁画
图 5.2 高洋墓西壁壁画
图 5.3 其他墓葬壁画
图 5.4 高洋墓墓道图案

①	②
③	④

高洋墓出土，主要画面为左右对称的出行队列，显示了帝王葬仪的威严与隆重，是我国现存最大型的北朝时期墓葬壁画。壁画长37米，最高处8.2米。墓道呈斜坡状，在墓道两侧和底部地面都有彩绘图案，面积约320㎡。地面绘莲花和缠枝花卉组成的装饰图案，墓道东西两壁绘制106个真人大小的仪仗人物和41个祥禽瑞兽。东壁队列以青龙为导引，西壁队列以白虎为前驱。两壁的青龙、白虎巨像，均通长4.5米，巨大的身躯流畅生动。画中的人物形象生动鲜明，神兽造型飘逸灵动，画面清晰整洁，色彩饱满绚丽，代表了北朝时期绘画艺术的最高水平。

图6　高洋墓墓道壁画原件之一／北齐

2. "曲阳石雕"陈列（图7）

该陈列展示面积729㎡，展出文物132件。曲阳是我国古代著名的石刻之乡，盛产被世人称为"汉白玉"的白色大理石。曲阳工匠雕工技艺高超，石刻原料洁白莹润，细腻坚硬。从满城汉墓出土的石俑到元明清三代的宫殿主要建材，再到以人民英雄纪念碑为代表的当代建筑，曲阳石雕无处不在，以其特有的魅力和活力延续了两千余年而长盛不衰。该陈列按时代分为西汉、北魏、东魏、北齐、隋唐五代、宋辽金元、明清、现代八个单元，其中目前所见最早的曲阳石雕为满城汉墓出土的5个西汉石俑。曲阳五代王处直墓出土的彩绘散乐浮雕和奉侍浮雕、临漳县邺城遗址出土的北齐白石释迦牟尼佛说法像和北齐镂雕弥勒七尊像、曲阳修德寺遗址出土的唐胁侍菩萨立像等更是独一无二的精品。

序厅墙面用放大的五代王处直墓出土的白石武士浮雕作为装饰，先声夺人，直逼陈列主题。王处直墓武士浮雕原件高113.5厘米，由汉白玉石精雕敷彩而成，分别为栖凤踏牛武士（图8.1）和盘龙踏鹿

图8.1　栖凤踏牛武士／五代　　图8.2　盘龙踏鹿武士／五代

图9　白石释迦牟尼佛说法像／北齐

武士（图8.2）。武士头戴金盔，身披战袍，束衣带甲，手握利剑，刚猛威武。一位肩头盘卧昂扬矫健的青龙，脚下踩踏口衔莲花的麋鹿；另一位肩头栖立姿态优雅的凤鸟，脚下踩踏口衔莲花的神牛。这两尊浮雕像神气完足，刻工精细，红绿金彩均艳丽如初。这里还有个传奇的故事，1994年该墓被盗，这两个武士浮雕被走私到海外。2000年，栖凤踏牛守门武士浮雕出现在美国纽约的文物拍卖会上。得知这一情况后，中国政府迅速与美国有关方面进行了反复交涉，最后美国海关总署将其归还给了中国。在得知中国政府追索王处直墓守门武士浮雕的消息后，纽约大收藏家安思远先生主动与中国国家文物局联系，将其在香港文物市场购买的盘龙踏鹿武士浮雕无偿归还给了中国。这两个海归武士浮雕虽然回归祖国了，但是比较遗憾的是他们没有回归家乡，而是被收藏在国家博物馆。

　　展厅内设计了莲瓣型拱门，将每个单元隔成相对独立的串联展示空间，层次清晰连贯。在北齐单元，对北齐胁侍菩萨立像的展示，在其顶部用莲花吊顶，营造出佛教环境。

图 7.1 "曲阳石雕"陈列序厅
图 7.2 隋唐五代单元实景
图 7.3 莲瓣型拱门
图 7.4 莲花吊顶

① ② ③ ④

　　北齐白石释迦牟尼佛说法像（图9），造型精美，主尊释迦牟尼，穿袒右肩式袈裟，结迦趺坐于仰莲座上。两侧各有三尊比丘，弟子和菩萨端立于莲台上，似在聆听佛法。背屏由菩提树缠绕组成，枝叶间透雕飞天，顶部有一条盘旋的神龙。底座正面浮雕博山炉、双狮和力士像，背面排列八方神祇。主尊背面浮雕有变化佛、禅定佛。

　　该陈列中展出的彩绘散乐浮雕（图10），被评为入展文物十大珍宝之一。彩绘散乐浮雕，1995年曲阳县西燕川村五代时期王处直墓出土，长136厘米，宽82厘米，厚20厘米，是由一整块汉白玉雕刻而成。散乐浮雕共有15人，突出表现了五代时期乐队吹奏的热闹场景，其规模宏大，结构严谨，立体感极强。浮雕第一人是女性，身着男装，这显然是受到唐代妇女女扮男装习俗的影响，女艺人双手交叉于胸前，手中拿着系有绦带的竹竿子，是乐队的致词者，其身份很像今天的节目主持人。浮雕的右下方雕刻有两位形态较小的队前导引员，他们姿势相同，似乎在随着乐曲声正翩翩起舞。另外有十二位女艺人分成前后两排站立着演奏乐器，她们姿势各不相同，分别演奏着箜篌、筝、琵琶、拍板、座鼓、笙、方响、节鼓、筚篥、横笛等乐器。浮雕中人物丰满圆润，表情生动，具有极高的艺术感染力。

图 10 彩绘散乐浮雕／五代

3."名窑名瓷"陈列（图 11）

该陈列展示面积 873 ㎡，展出文物 276 件。河北是中国古陶瓷的发源地之一和重要产地，北朝时开始烧造青瓷，唐宋时期出现了邢窑、定窑、磁州窑和井陉窑四大名窑。元明清时期，河北地处京畿，因此元代瓷器和明清官窑瓷器得以在河北流传收藏。该陈列展出了河北出土的早期青瓷、四大名窑瓷器精品、元代窖藏和墓葬出土的元瓷精品以及河北现存的明清官窑瓷器，重点突出河北陶瓷大省的地位。其中北朝青瓷莲花尊、唐代邢窑白釉凤首盖贴花皮囊壶、宋代定窑白釉刻花龙首净瓶、青花釉里红开光贴塑花卉盖罐、青花海水龙纹八棱带盖梅瓶等都是难得一见的稀世珍品。

序厅，将前言设计在圆盘造型上，下面配上磁州窑瓷枕上典型纹饰——小孩钓鱼图案，把河北民窑瓷器的特点表现得非常充分，使特色更加鲜明；展厅地面满铺英国乐宝地毯，地毯软、瓷器硬，一软一硬，刚柔相济；展厅独立柜使用通体低反射玻璃柜，使展示空间更加通透敞亮，瓷器展示更为充分、突出。

该陈列中展出的青花釉里红开光贴塑花卉盖罐（图 12），被评为入展文物十大珍宝之一。1964 年，在保定永华南路小学元代窖藏出土，采用贴塑、青花和釉里红装饰，纹饰丰富，层次清晰，主题突出，全器纹饰有十余层。通体施青白釉，釉层凝厚，釉面青亮，极为滋润。蹲狮钮罐盖，盖面装饰变形莲瓣纹和回纹。颈肩部为缠枝牡丹纹，肩部饰忍冬纹，并有下垂的如意云头纹，云头纹内饰莲池纹，云头之间饰折枝牡丹纹。器腹四面用连珠纹作菱花形开光四个，开光内贴塑浮雕牡丹、石榴、菊花等四季花卉纹。枝叶用青花渲染，花朵和山石用釉里红涂绘，红、蓝色交相辉映，具有极强的装饰效果。这件器物器型硕大，工艺精湛，集绘画、浮雕、贴塑、青花、釉里红等多种技法之大成，是元瓷中顶尖的珍品，第一批禁止出境文物。该窖藏中出土了两件此类器物，另一件在故宫博物院收藏。

青花海水龙纹八棱带盖梅瓶（图 13），1964 年在保定永华南路小学元代窖藏出土，胎坚硬厚重，釉色白中闪青，瓶身绘青花海水及火焰纹，肩及颈部饰如意云头纹，内绘花卉、凤鸟和怪兽，腹部海水云龙采用"留白"手法装饰，四条白龙在蓝色海浪中遨游翻腾，白地蓝花与蓝地白花相映成趣，极富艺术感染力。造型硕大丰满，纹

图 12　青花釉里红开光贴塑花卉盖罐／元　　图 13　青花海水龙纹八棱带盖梅瓶／元　　图 14　白釉刻花龙首净瓶／宋

图 11.1　"名窑名瓷"序厅
图 11.2　"定窑瓷器"单元
图 11.3　"磁州窑瓷器"单元
图 11.4　"元瓷遗珍"单元

①	②
③	④

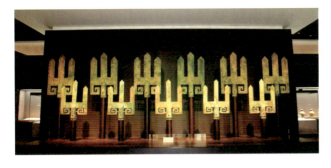

图 15　"战国雄风——古中山国"展览第二展厅实景

饰繁密，层次丰富，构图严谨，一改唐宋以来瓷器花纹布局疏简的传统，工整细腻的描绘加上繁复的层次，形成了花团锦簇的艺术风格。形体规整，充分显示出元代工匠高超的成型技巧。在该窖藏中出土了两件青花海水龙纹八棱带盖梅瓶，另一件在故宫博物院收藏。

白釉刻花龙首净瓶（图14），1969年出土于定州净众院塔基内。瓶高60.9厘米，形体高大挺拔，颜色纯净素雅。净瓶的流做成龙头模样，龙头高高扬起，张口露齿，二目圆睁，龙角向上翘，让人感受到一种蓬勃向上的朝气。瓶身上刻有多层覆仰莲瓣、竹节纹、花卉纹，刀法犀利，线条流畅，具有浅浮雕效果。造型精美，装饰华丽，是瓷中珍品。这是一件国宝级文物，也是第三批禁止出境文物。

4. "战国雄风——古中山国"陈列（图15）

1977年，在平山县三汲村发现战国中山王墓，并开始进行考古发掘，在两座中山王墓及城址内外的战国墓葬中，出土了青铜器、金银器、玉石器、漆器、陶器等文物两万余件（套），具有极高的历史、艺术和科学价值。

该陈列展示面积1845㎡，展出文物1400件（套），分上、下两部分，各占一个展厅。第一展厅为"古国风貌"，分为序、国史、国都、经济、文化、征战、王陵等七个单元，全面讲述中山国历史。开篇伊始，在序中展示了闻名于世的中山三器，即中山王䜆铁足大鼎、中山王䜆铜方壶、奼盗铜圆壶，几件重器上均刻长篇铭文，分别长达469字、450字和204字，是战国考古的重大发现。这些长篇铭文记述了中山国王世系、中山国的伐燕战争、中山国与邻国关系、中山国末代国君及相邦姓名等史书无载的珍贵历史资料，使扑朔迷离的中山国史始露端倪。

第二展厅为"王室宝藏"。中山国铜器的装饰艺术非常丰富，成功地运用了鎏金、错金银、镶红铜、填漆、浮雕、细线雕、镂空等手段，囊括了战国时期所有的装饰技法。该展厅分青铜器、陶器、玉石器等三个单元，展出了中山国精美文物，如山字形器，高大巍峨，象征着中山王的权威，曾被用做河北省博物馆的馆标。错金银四龙四凤方案座，错金银虎噬鹿屏风底座，精致华美，色彩斑斓，均为国宝级文物。错银双翼神兽，昂首怒吼，两肋生翼，栩栩如生。银首人俑铜灯，蛇舞人欢，华丽璀璨，造型异常生动。十五连盏铜灯，错落有致，设计精巧，赤膊短裳的鲜虞族家奴站立树下，向树上抛食戏猴，人猴互动，诙谐有趣。

中山国艺术家的造型能力非常强，塑造的肖生动物特色鲜明，有生动的写实动物，如捕食的猛虎、静卧的小鹿、负重的犀牛、憨实的小獏、活泼的小猴、飞翔的雄鹰、利落的飞燕，蹒跚的小鸭和爬行的乌龟等；也有幻想出的动物形象，如神游的龙，飞舞的凤，身插双翼的神兽……金、银、陶、玉各种质地的动物无不动态十足，巧夺天工。

该陈列中有三件国宝级文物被评为入展文物十大珍宝。

中山王𰯼铁足大鼎（图16）是墓中九鼎中的首鼎，高51.5厘米，腹径65.8厘米，重达60公斤。铜身、铁足、外壁刻有铭文77行469字。铭文记载了中山国相邦司马𧊒率师伐燕、扩大疆土的功绩，告诫后代吸取历史教训，警惕周边诸国的进攻。铭文字体修长秀丽，文句典雅优美，具有重要的历史价值。这是一件第一批禁止出境的珍贵文物。

错金银四龙四凤方案座（图17），案面原为漆板，已朽，仅存案座。案座为铜质，通高36.2厘米，重18.65公斤。案下部有两雌两雄四只侧卧的梅花鹿，四肢蜷曲，承托圆环形底座。中间部分立有四条神龙，分向四方，四条龙独首双尾，龙的双尾向两侧盘环，勾住头上双角，双翅聚在中央连成半球形。每两条龙尾交结成一个圆环，凤头从圆环中引颈而出，龙凤纽结缠绕，一幅龙飞凤舞图跃然眼前，上部龙头上各有一个一斗二升式的斗拱，托起方形案框，第一次以实物面貌生动再现出战国时期的斗拱造型。此案周身饰错金银花纹，整件器物集铸造、镶嵌、焊接等多种工艺于一体，复杂精巧，它的造型内收而外敞，动静结合，疏密得当，突破了商、周以来青铜器动物造型以浮雕或圆雕为主的传统手法。这是一件第一批禁止出境的珍贵文物。

错金银虎噬鹿屏风底座（图18），长51厘米，整体造型为一只勇猛威武的老虎，色彩斑斓，身

图16 中山王𰯼铁足大鼎／战国

图17 错金银四龙四凤方案座／战国

图18 错金银虎噬鹿屏风底座／战国

图 19.1　"烹饪饮食"单元
图 19.2　"灯具"单元
图 19.3　"金缕玉衣"单元
图 19.4　"车马"单元

①	②
③	④

躯浑圆，两耳直竖，双目圆睁，身躯向右侧弓曲。猛虎正用利爪抓住一只小鹿的后腿，血盆大口紧紧咬住小鹿。小鹿在虎口中拼命挣扎，短尾用力上翘，可是始终无法脱身。鹿的四肢已经无力，两眼僵直，发出哀嚎。一只猛虎，一只幼鹿，力量对比如此悬殊，弱肉强食的凄惨场面，展现在人们面前。虎的右前爪因为抓鹿而悬空，座身平衡借用鹿腿支撑，构思巧妙而自然。虎、鹿皮毛的斑纹，均用金银镶错而成，生动逼真，是典型的战国时代风格。

5."大汉绝唱——满城汉墓"陈列（图 19）

1968 年，解放军某部在满城县陵山战备施工中，意外地发现了一座开凿于山体中的巨大墓葬，郭沫若先生亲自主持发掘，断定墓主人是西汉第一代中山国王靖王刘胜。其后，根据汉代葬俗，在不远处找到并发掘了王后窦绾的墓葬。

两墓依山岩开凿，规模宏大，结构复杂，陈设华丽，器物丰富，堪称一座豪华的地下宫殿。出土文物种类之丰富，制作之精美，实属罕见，共出土金、银、铜、铁、玉、石、陶、漆、玻璃器等文物一万余件，尤其是两件完整的金缕玉衣的出土，惊动了整个考古界。

该陈列展示面积 1845 ㎡，展出文物 1605 件（套），分为上、下两部分，各占一个展厅，共设 21 个单元。第一展厅包括惊天发现、陵山古墓、刘胜其人、棺具、金缕玉衣、玉器、玻璃器、人俑、车马、幄帐 10 个单元；第二展厅包括灯具、炉具、日用杂器、文具文玩、医疗器具、钱币、兵器、铁工具、烹饪饮食、石磨、陶器 11 个单元。全面展示了满城汉墓出土的巧夺天工的珍贵文物，使广大观众对汉代科技、

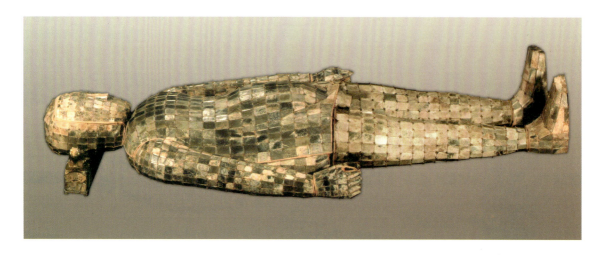

图 20　刘胜金缕玉衣／西汉

图 21　长信宫灯／西汉

图 22　错金博山炉／西汉

文化、工艺水平有一个较为全面的了解。其中刘胜和窦绾的金缕玉衣是我国出土年代最早的完整玉衣，鎏金长信宫灯、错金博山炉、鎏金银蟠龙纹铜壶、透雕双龙高钮谷纹白玉璧等都是举世闻名的珍宝。

除了展出大量精美的文物外，设计者还别具匠心，多处采用了投影、动漫放映等电子科技手段，详细介绍文物的出土情景、组成结造和使用方法，并设置自助学习区，观众通过触摸屏，可学习"西汉中山国史料""玉衣九问""灯具铭文释读""汉代人的饮食"等内容，更深刻地理解满城汉墓的历史背景和汉代人的衣食住行、生老病死等生活状况。

该陈列中有三件国宝级文物被评为入展文物十大珍宝。

刘胜金缕玉衣（图20）是汉代皇帝和王侯贵族使用的一种特殊葬服，按照身份的不同，分为金缕、银缕和铜缕三种，最高一级的使用金缕玉衣。刘胜的金缕玉衣长1.88米，用玉片2498片，金丝约1100克，分为头部、上衣、袖筒、手套、裤筒和鞋六部分。另外，还陪葬有九窍塞。出土时，玉衣内的尸体早已朽烂，这件玉衣是目前考古发掘中发现最早且最为完整的汉代玉衣。也是一件第一批禁止出境的珍贵文物。

长信宫灯（图21），窦绾墓中出土，高48厘米，形状是一跪地执灯的年轻宫女，通体鎏金。灯采用分铸法制作而成，由头、身、右臂、灯座、灯盘、灯罩六部分组成，可以任意拆卸。灯盘可以转动，灯盘上的两片弧形屏板可以推动开合，以调节灯光的亮度和照射方向。宫女身体中空，烟灰经右臂进入体内，从而保持室内清洁，是集实用与环保于一体的最早实物。

灯上刻有"长信尚浴""阳信家"等9处铭文，共65字，为研究灯的使用和流传情况，提供了重要的依据。从铭文中得知，灯的主人最早是阳信夷侯刘揭，后因其子参与"吴楚七国之乱"被废除王位，此灯被朝廷没收放入长信宫中，也就是窦太后居住的地方。推测它之所以从窦绾墓中出土是因为窦绾与窦太后有亲缘关系，窦太后将长信宫灯赐予窦绾，并在窦绾死后随葬入墓。长信宫灯曾多次出国展出，在美国展出时，美国前国务卿基辛格惊叹中国早在两千多年前的汉代就已经有了环保意识。这是一件第一批禁止出境的珍贵文物。

错金博山炉（图22），刘胜墓出土，高26厘米。构思巧妙，艺术性高，炉似豆形。错金博山炉是一种熏炉，使用时把香料放入炉中点燃，烟通过炉盖上的小孔袅袅上升，弥漫房中，以达到熏香的目的。这种熏炉因炉盖铸成山峦状，象征着海中的仙境博山，所以称之为博山炉。炉座把上透雕三条蛟龙腾出海面，用龙头托住炉身，炉盖上山峦间神兽出没，虎豹奔走，小猴嬉戏玩耍，猎人奔忙，刻画出一幅秀丽的自然景象和生动的狩猎场面。通体用金丝和金片错出舒展的云气纹，炉身的盘座分别铸成后用铁钉铆合，通体错金，纹饰流畅自然。

（二）即将于今年6月开放的基本陈列

1."石器时代的河北"陈列

该陈列展示面积873㎡，展出文物（标本）300余件（套），展现河北石器时代的历史。该陈列分为"旧石器时代的泥河湾"和"新石器时代的文化遗址"两个部分，每部分各三个单元，选取河北石器时代最具代表性的几个时间节点和文化遗址加以表现。

旧石器时代部分：围绕阳原县泥河湾遗址展开。陈列将旧石器时代早、中、晚期分别做一个单元，第一单元展现距今约200万年前泥河湾马圈沟遗址，该遗址中发现了人类餐食大象的遗迹，是我国目前发现的年代可靠、最早的人类活动的遗迹。在展厅内制作演示的大型动漫"200万年前的大象盛宴"，形象地表现出200万年前东方人类敲骨吸髓、茹毛饮血的原始生活方式。旧石器标本、考古照片及地层展示，以及复制的大型猛犸象骨架标本（图23），将观众带入古老的蛮荒时代。第二单元主要展示10万年前旧石器时代中期泥河湾人的生产生活，重点为侯家窑人以马为主要食物的猎马生活。第三单元重点展示旧石器时代晚期向新石器时代过渡阶段的内容，其中于家沟遗址发现的距今1万年前的陶片，是中国北方目前所见最早的陶器。

图23 "石器时代的河北"展厅陈列的大型猛犸象骨架标本

图24 于家沟遗址出土的中国北方最早的陶片（陶片长9厘米、宽7厘米、厚1.2厘米）

图25 北福地遗址出土的陶面具

在于家沟遗址出土了中国北方最早的陶片，这些陶片的年代距今约1.1万年，有夹砂黄褐陶片、夹砂红褐陶片、夹砂黑褐陶片等十余件，质地粗糙，多为素面，烧成温度约800℃。其中最大的一块，根据陶片出土时的状况，可能是一个陶罐的底部（图24）。它的发现，对于探索旧石器时代向新石器时代过渡、陶器起源等重大学术问题有着极为重要的价值。

新石器时代部分：从河北上百处新石器遗址中选取了3个最具代表性的文化遗址加以展示。第一单元"南庄头遗址"，表现的是距今10500年—9500年前的徐水南庄头遗址，该遗址是华北最早的新石器时代遗存。南庄头人不仅狩猎和采集，还采用刀耕火种的生产方式开始经营原始农业。

第二单元"北福地遗址"，除了展现一般展览中常见的石器、陶器、玉器等文物外，重点展示了易县北福地遗址出土的陶面具（图25）。2003年—2004年，考古工作者在易县北福地村南发现了一处距今约8000—7000年的新石器时代村落遗址，该遗址中出土了大量陶面具残片，其中有12件可复原。除一件利用薄石片制成石面具外，其余均为陶直腹盆残片改制而成的陶面具，面具上用阳刻、阴刻、镂空、浮雕等技法勾勒出人面、猪面、猴面和虎面。面具多在额头和两侧留有蒙戴用的穿孔，人们将各种图案的面具戴在面部，装扮成神祇或祖先载歌载舞。这是目前所见最早、保存最完整的史前面具作品，也是研究史前宗教及巫术的重要资料。

第三单元"磁山遗址"，表现了8000年—7000年前，以锄耕农业为主要经济的武安磁山人的田园生活。他们居住在半地穴式房屋中，使用陶器养殖家猪、猎狗以及中国北方最早的家鸡。他们在世界上首先种植谷物——

图26　"河北商代文明"序厅实景

图27　藁城台西遗址出土的铁刃铜钺／商代

图28　藁城台西遗址出土的砭镰／商代

粟，考古学者在磁山遗址发现了460多个储藏余粮的专用窖穴，其中80多个粮窖中堆积着粟的朽灰，有的厚达2米以上。据估算，这些粮窖中储藏的粟可达6.5万公斤。

展厅中还复原了北福地遗址发掘出的祭祀坑，观众可站在上面舞蹈，体会8000年前原始先民载歌载舞精神狂欢的盛景。

2. "河北商代文明"陈列（图26）

该陈列展示面积972㎡，展出文物203件（套）。通过铜铸文明、中国最早的铁器、木盘水井、先民用陶、厚葬习俗、最早的平纹绉丝织物、古老的医疗器具、原始瓷的出现、高超的漆器工艺、台西先民的房屋建筑和中国最早的食物酒曲11个单元，以藁城台西商代遗址为中心，展示河北商代先民创造的灿烂文明。定居于台西方国的先民不仅拥有高超的青铜铸造技术，还在建筑、冶铁、医药、纺织、酿酒、陶瓷、漆器制作等领域居于世界领先地位。此外，还展出定州市北庄子商代方国贵族墓地出土文物，这个墓地出土各类铜器274件，许多铜器上有铭文，部分铜器器型和花纹与殷墟出土铜器相同。这批铜器数量众多，制作精美，铭文重要，也是我国商代考古的重要发现。

下面介绍几件文物。

世界上最早的铁器——铁刃铜钺（图27）：

1973年，河北省文管处组成考古队，开始对藁城台西商代遗址进行发掘，出土了铁刃铜钺，是目前我国发现年代最早的铁器。钺身为长方形，器身后半部分装饰有乳钉纹。钺的刃部残缺，根据X射线透视，铁刃残存部分夹在青铜器身内约为1厘米左右。经专家鉴定分析，钺的刃部由天然陨铁加热锻造而成，制作时先将陨铁锻造成2毫米厚的薄刀，再浇铸青铜的部分，这种将两种金属浇铸包嵌在一起的技术在我国古代冶金史上是一大进步。这件铁刃铜钺充分说明，3400年前的先民已经对铁的性能有了初步认识，懂得铁比铜的硬度更高、更耐磨损，将其用于兵器加工，可以使刃部更加锋利，杀伤力更强。

图 29.1 "慷慨悲歌——燕赵故事"陈列序厅
图 29.2 "燕国故都"单元
图 29.3 "礼仪之邦"单元
图 29.4 "金戈铁马"单元

①	②
③	④

我国最古老的医疗工具——砭镰（图28）：

这件砭镰出土于藁城台西遗址14号墓，是目前我国发现的最古老的医疗用具。砭镰外缘微曲，治疗外伤时用刃部切割脓疮使淤血流出，相当于现代外科手术用的手术刀。后来，砭镰由石制的发展为金属制成的医疗工具，其基本形态特征和使用方法在民间流传下来。作为随葬品，这件砭镰放置在一个精致的漆盒中，说明它不是一件普通的劳动工具，应是墓主人生前的心爱之物。据专家推测，墓主人应是当时懂得巫术的医生。在商代，巫医具有较高的社会地位，除了用祈祷、逐鬼等方法治疗疾病外，他们也积累了一定的医药治疗经验。

世界上最早的平纹绉丝纺织品——縠（hú）：

我国是世界上最早养蚕和织造丝绸的国家。考古发掘证明，早在商代人们就已经掌握了相当成熟的纺织技术。在台西遗址出土的青铜器上面发现有丝织品附着的痕迹。专家推测，当初随葬时，这些丝织品有的覆盖在器物上，有的裹在器物外面，由于长时间与铜锈粘在一起，不能揭下来，所以残留在铜器表面。这件铜觚上面共有五种规格的丝织物，其中平纹绉丝的"縠"是目前我国出土年代最早的实物标本。縠，是一种表面起绉的平纹丝织物，从外观看有明显的方孔，又有细致均匀的鳞状绉纹。这种丝织物的制作工艺相当复杂，需将蚕丝纺出的经纱和纬纱向相反方向加捻，织成后再退捻使之收缩弯曲，从而呈现美丽的绉纹。早在公元前14世纪，先民就能织出这种既有弹性、又轻盈透明的丝织品，可见当时的丝织技术已相当先进，这在世界纺织技术史上也是一个伟大的创造。

中国最早用酒曲酿酒的实例：

我国早在夏代就已发明酿酒技术。到了商代，随着农业生产的发展，用谷物酿酒就更加普遍了。藁城台西遗址不仅出土了大量青铜酒器，还发现了一座酿酒作坊遗址，遗址内出土了大量用于酿酒的陶器。其中，在一个残破的陶瓮里发现了8.5公斤灰白色水锈状沉淀物，经分析，是当时用来酿酒的酵母，用酒曲即人工培植的酵母来酿酒，能够加速粮食中的淀粉转化成糖，从而提高酒的醇度，这是我国古代劳动人民在酿酒技术上的重要发明。

3."慷慨悲歌——燕赵故事"陈列（图29）

该陈列展示面积1845 m²，展出文物710余件（套），分别展出"燕国故事"和"赵国故事"两个部分，各占一个展厅。

"燕国故事"展厅，分为5个单元：第一单元为"燕国故都"。燕下都故城位于今易县境内，东西约8公里，南北约4～6公里，是目前已知面积最大的战国都城。古城分为东西两城，东城为宫殿区、手工业作坊区、居住区、墓葬区等，西城是为

图30　透雕龙凤纹铜铺首／战国

加强东城的军事防御而增设的郭城。展厅门厅中，突出展示着燕国宫殿大门上的门环——透雕龙凤纹铜铺首，是目前所见最大的铜铺首。第二单元"礼仪之邦"，展出了燕下都出土的成组大型陶礼器，有鼎、豆、壶、盘、匜、鉴、编钟和石编磬等，种类齐全，数量众多，体形巨大，充分体现出燕赵古国的磅礴气势和博大胸怀。第三单元"金戈铁马"，展出了大量燕国武器，其中仅带有铭文的燕王戈即展出60余件。第四单元"铁器时代"。燕国冶铁业处于当时的领先地位，采用铸铁可锻化处理技术，出现渗碳钢、脱碳钢制品，并已使用铁范铸器。第五单元"金色记忆"。燕下都30号墓出土了百余件金银饰品，大部分雕饰牛、马、羊、骆驼、鹿、熊和怪兽等图案，形神兼备，熠熠生辉。此外，展厅中还点缀着7组26个画面的绘画作品，分别表现了棠下问事、子之之乱、齐桓别燕、昭王求贤、乐毅伐齐、秦开却胡和荆轲刺秦等7个脍炙人口的燕国历史故事。这些大幅画面的历史故事，不仅使观众更直观、深刻地理解燕国历史，而且为展厅增添了浓厚的历史氛围。

该陈列中展出的透雕龙凤纹铜铺首（图30）为入展文物十大珍宝之一。透雕龙凤纹铜铺首为燕国宫门上的门环，1966年易县燕下都遗址老姆台出土（农民锄地时发现，主动上交当地文物部门），长74.5厘米，呈兽面衔环状。兽面为卷眉、凸目、卷云鼻，锯齿状鼻梁，獠牙间口衔八菱形环。兽头上站立展翅欲飞的凤鸟，双翅被两条长蛇缠绕。凤爪抓住蛇尾，蛇曲颈回首。铺首两侧各有一条向上攀爬的长龙，龙头从兽角后探出。衔环两侧也装饰有攀龙。龙头、凤首和蛇颈都采用圆雕的手法制成，通体雕细密的羽纹和卷云纹。器形巨大，纹饰华丽，具有极强的艺术感染力，是燕国代表性器物，已被用在新馆中央大厅廊柱上做装饰。在上海世博会期

间,透雕龙凤纹铜铺首和长信宫灯作为河北馆的镇馆之宝向世界展示。

"赵国故事"展厅(该展厅计划今年年底开放),除了展出赵国墓葬出土的铜器、玉器和陶器以外,在展厅中制作了多媒体影院,用多媒体演示赵国寓言故事,表现赵国多姿多彩的历史文化。赵国地处中原,历史悠久,文化发达,赵人思维活跃,文学底蕴深厚,"将相和""完璧归赵""胡服骑射""触龙说赵太后""李牧守边""毛遂自荐"等一大批历史故事就产生在这片热土上。

(三)计划明年开放的基本陈列

1."百年掠影——近代河北"陈列

该陈列位于北区,尚未开放,陈列面积约1300㎡,展出文物300余件(套)。

展览分上、下两部分,上部分为鸦片战争中的直隶总督与总督署、李鸿章与直隶洋务运动、直隶新式学堂、直隶实业、詹天佑与京张铁路、直隶义和团运动、保定军校、吴禄贞与燕晋联军、北洋人物、晏阳初与平民教育、留法勤工俭学、李大钊与五四运动13个单元,展示从1840年至抗日战争前河北近代政治、经济、文化、教育等方面发生的重大历史事件。下部分为长城抗战、华北事变与一二·九运动、卢沟桥事变、日军暴行、河北敌后战斗、伟大胜利等6个单元,展示河北人民在敌后建立抗日根据地、开展多种形式的人民战争、与日本侵略者浴血奋战可歌可泣的历史。展览将摆脱教科书式的叙事方法,简化背景,突出历史事件和历史人物。

五、陈列布展中采用的先进设备与材料

1.突出展示效果,大面积使用进口钢化夹胶低反射玻璃。除"北朝壁画"一个展厅外,其他10个展厅所有独立柜、墙柜、俯视柜均采用进口钢化夹胶低反射玻璃,使用低反射玻璃总面积2830㎡。从社会各界各方面反馈的情况看,低反射玻璃的展示效果非常好。

我们所使用的低反射玻璃主要参数:

产品	可见光反射率	入射光透过率	紫外线透过率	显色系数
6+6mm 低反射	0.60%	98%	<1%	99.8

2.对重点文物的展示,全部采用先进的进口独立展柜。本次基本陈列使用的独立展柜全部为从比利时梅瓦赫公司进口的独立柜,在展柜样品设计制作过程中,馆方与梅瓦赫公司多次沟通,我们几次提出样柜设计修改意见,均得到该公司的积极回应,及时进行了修改完善。本次陈列共进口89个独立柜,分布在10个展厅,展柜品质得到了业界的好评。

六、对陈列布展工作的几点体会

1.不过度对陈列环境进行装饰装修,陈列展览的主角永远是展品。不能过度地采用造景、虚构景等装饰装修手段,以造成喧宾夺主之嫌;更不能因为能拿出来展示的文物少而不得已去造景,虚构一些没有可靠依据的场景,弥补展品少的缺憾。如此,既影响展示效果,又造成资源浪费,将来拆除展览时拆下来的装修材料还会污染环境。

2.中标方案的深化设计。本次新馆陈列,我们将每个专题陈列作为一个标段,采取设计施工一体化方式招

标。投标公司在招标公告发布后到投标截止期有限的时间内，仅凭陈列大纲、招标文件等资料，不大可能设计出理想的方案，实际上中标的是较优方案，最后我们更多考量的还是公司的设计和施工能力。因此，中标方案需要进行深化设计，比如：我们对"战国雄风——古中山国""大汉绝唱——满城汉墓"陈列，先后各进行了不少于30轮的深化设计，直至方案满意后才进行施工，"磨刀不误砍柴工"。

3. 关于陈列布展项目完成时间问题。陈列布展完成时间往往是由地方领导决定的，而不是博物馆说了算，每个馆都可能遇到类似问题。陈列布展有其自身的工作规律，一定要坚守时间服从质量效果的原则，正所谓"心急吃不了热豆腐"。如果偏离一般工作规律，抢工期，一味地按照领导意图仓促完工，潜在的风险是返修多、浪费多、成本高、效果差，效果做不出来，到头来不仅得挨领导的板子，还会引来骂声一片。在陈列布展时间问题上，需要馆长与地方领导进行良好的沟通，平衡好领导意志与工作效果的关系。

4. 关于商务标问题。据了解，有的馆陈列展览招标中商务标采取低价高分的中标方法，这样不妥，虽然省下了一点儿钱，但是一分钱一分货，我们布展是要在适量资金支持下追求展示效果的。建议采取中间价高分的中标方法，我们馆的布展招标就是采用的这种方法。

5. 加强陈列项目预算的审核。投标预算是根据投标方案编制的预算，中标后，投标方案基本上不能直接使用，需要进行深化设计，深化设计后的方案已不是投标时的方案，那么，施工预算应因其而变，需要中标公司重新提出施工预算，馆方请社会中介机构对深化后的施工预算进行审核，以此确定合同预算。施工过程中，遇有方案变更，再按程序进行变更，最后审核结算时一并考虑设计变更带来的预算调整问题。签订合同时，在合同中应载明根据深化方案调整项目预算，经中介机构核定的预算为项目执行预算。

河北博物院即将组建，新机构责无旁贷要承接历史的责任，我们将通过创新工作，续写河北博物院发展的新篇章。

苏州博物馆：苏州城市精神的践行者

陈瑞近　苏州博物馆

苏州是一座古老而又年轻的城市。（图1）说她古老是因为她有着4000多年的文化史，2500多年的城市发展史；说她年轻是因为她始终保持着创造的活力，迸发着发展的动力，展示着骄人的魅力。1986年正逢苏州建城2500周年，趁着这个时机建了很多博物馆，那是苏州第一次博物馆建设的高峰。苏州古城有一个特点就是，到现在仍然保留着水陆平行、河街相邻的基本格局。依托上海，苏州近几年的经济发展极具活力。在2004年，苏州荣获"中国十大最具经济活力城市"。评选"年度城市大奖"时，专家们曾作出这样的评价："一座东方水城，让世界读了2500年，它用古典园林的精巧，布局出现代经济的版图；它用双面绣的绝活，实现了东方与西方的对接。"实际上它以散文的形式来概括了苏州的城市精神：崇文睿智、开放包容、创先争优、和谐致远。我们知道上海的城市精神是：海纳百川、追求卓越、开明睿智、大气谦和。城市精神反映了一个城市特有的精神品格，也就是一个城市的精、气、神。尽管从地理位置上南北方的角度相比，苏州与上海都属于南方，两地相距一百公里都不到，说的方言也都是吴语一系的，但上海人和苏州人互相之间能够感觉到，两地的城市文化是完全不同的——一个是大上海，一个是小苏州。在苏州，就算不是土生土长的苏州人，到了苏州以后也想要留在这片土地上安享晚年，无欲无求、毫无杂念，这与上海人一生在外面打拼的冲劲不一样。我们经常这样讲：在人类文明的发展史上，只有那些培育出独特文化的，或者说是有精神气质的城市，才能有可持久的发展，而猛然间发展起来的，没有任何文化底蕴和内涵的城市，往往可持续发展的动力会非常少。

博物馆作为一座城市最主要的文化场所，它不仅仅是历史文化的记录者或传承者，它更肩负着推动与发展城市的使命。苏州博物馆从

图1　平江图／宋代

1960 年开馆到 80 年代，这段时间的发展轨迹与中国所有的博物馆一样，那个时候国家经济发展平平，大家主要职责就是尽力保护好文物，做一点能够做的事情。一直到经济发展到一定的程度，国家和民众开始关注文化了，博物馆的发展才迎来了大好的时机。特别是现在这个国家经济繁荣、发达的时候，大家纷纷将精力集中在文化建设方面，所以博物馆的建设与发展要把握好现在这个良机，若没有抓牢契机，等以后经济发展疲软了，想要再大力发展就显得困难了，一些西方国家的博物馆就正面临着这样的窘境。中国发展到现在这个欣欣向荣的地步，非常需要多元文化的充实，借此机遇，西方国家的博物馆纷纷与中国的博物馆建立友好关系，来推广他们的展览与文化。

上世纪 90 年代前期，上海博物馆开始建造新馆，引领了全国新建博物馆的热潮。造新馆不是面子工程，而是满足人们日益增长的精神文化需求。苏州从 2002 年开始筹备建造新的博物馆。从筹备之初，苏州市政府与我们馆方就有着十分良好的沟通，我们提议最好请贝聿铭先生来设计新馆，苏州市政府支持了我们的意见并付诸行动。这是非常英明的一个决策。事实上，苏州博物馆新馆具有影响力的很大一部分原因就是与建筑由贝聿铭先生设计有关。当馆方与贝聿铭老先生表达意愿后，他就讲了一句话："请我可以，我是苏州人。"实际上贝聿铭从小在上海生长，他叔叔是苏州的，所以说苏州算是他的老家。

所有贝老设计的建筑都会有争论，苏州博物馆也不例外，但是大多数他的作品争论到最后还是表示认可的人比较多。整个项目从 2002 年开始设计、建造，于 2006 年 10 月正式对外开放。从开始运行到现在，可以说苏州博物馆取得了一定的成绩，也得到了业内的认可。我们是一个地级馆，我们可陈列的文物就几千件。对于苏州博物馆新馆，我想引用美国著名艺术评论家贺兰德·考特先生在 2008 年 7 月 4 日《纽约时报》头版的一句话来形容："苏州博物馆的新馆是一座国际一流水准的博物馆，在不是太传统就是太现代的众多中国博物馆中，这座与园林相伴的博物馆是一个难得的'例外'。"

2012 年，苏州博物馆在一级博物馆运行评估中排名第八，这个成绩实属不易，因为国家一级博物馆有很多，比如"8+3"（8 家中央地方共建博物馆及 3 家培育对象）。2013 年，苏州博物馆获得了"全国最具创新力博物馆"称号。今年，苏州博物馆"衡山仰止——吴门画派之文徵明特展"还荣获了"第十一届（2013 年度）全国博物馆十大陈列展览精品奖"，这应当说是我们这几年努力的成果。

我想结合苏州这座城市的精神，从四个方面来讲一下苏州博物馆这几年的工作。

一、崇文睿智

苏州第一个城市精神是"崇文睿智"。科举制度于隋代开始施行，而"状元"的称号则是从唐朝开始出现，从唐朝到清朝，全国共有 596 名文科状元，苏州占了 45 名，数量上在全国名列前茅。总的来说，苏州从明代开始，城市文化就是文人的文化，各类大大小小的事情都有文人参与。苏州园林的特点是内张外敛，这也是苏州人性格的一种体现。走在街上，根本不会想到高墙里面竟会是个精致的园林，门很小，就如同石库门一般，但是当你推开门后，就会发现这里面别有洞天。文物上专门有个词叫"苏作工艺"，就是指苏州人所做的工艺品。明清时期，很多文人仕途不顺或是厌倦世间的纷扰，于是回到苏州自己亲身参与园林的建造、设计家具、制作玉雕和核雕等，所以苏州工艺品在当时名声远扬，这与苏州整体的精、细、雅、洁有着密不可分的关系。如今，故宫博物院也藏有不少"苏作工艺"的作品。目前，我们正在明确"苏州工"的定义以及统计"苏州工"工艺品的数量。

苏州整体风格如此，苏州博物馆也将此特色延续到办馆理念上，即"文人特色、苏州韵味"，通过它们来传播和弘扬苏州的传统文化。我们的目标是把苏州博物馆打造成一个不仅仅是存放和展示文物的场所，更是一个时尚而风雅的地方。

图2　真珠舍利宝幢／宋　　　　　　　图3　银杏木彩绘四大天王像内函／宋　　　图4　越窑青瓷莲花碗／五代

　　苏州博物馆新馆建筑面积约为19000平方米，而展厅面积就只有3600平方米，这种设计方法是比较少见的。贝老来我们馆的时候把文物都看了一遍，然后他按照文物的分类来设计不同的区域。苏州博物馆的展厅相对来说空间较小，适合馆藏文物的展览，展厅与展厅之间有一小块供参观者休息的空间。设计师对文物有了充分的了解，使得建筑、环境、展厅、展柜、展品、观众和谐统一。由于我的专业是文物鉴定，所以对文物展览比较感兴趣，我去过很多博物馆，有的博物馆刚开始参观时会使人感到非常兴奋，因为展品丰富多彩，但是看了几个小时以后难以承受，因为信息量太大，这对于我们专业的人来讲已经很累，更不用说是无相关知识背景的参观者了。然而，这种情况在苏州博物馆是不存在的。每一个展厅都是经过精心设计的，运用传统文人的文化理念。比如常设主题展览以"吴"字冠名，分成四大主题，"吴中风雅""吴地遗珍""吴塔国宝""吴门书画"，共有一千多件文物，而南京博物院新馆的一个展厅所陈列的文物就达四万多件，从文物数量上来讲我们还是有点惭愧的。

　　向大家介绍几件苏州博物馆的国宝级文物。事实上"国宝级文物"这个称呼在专业领域内并不存在。国家将文物分成一级、二级、三级和等外品，所谓等外品就是指一般文物。"国宝级文物"常常被媒体所引用，就是指一级文物中最好的，例如"一级甲"和"一级乙"。

　　宋代的真珠舍利宝幢（图2）于1978年在瑞光塔出土，当时几名小孩在瑞光塔上掏鸟窝，无意中掏出几卷《妙法莲华经》的经卷，小孩也不懂，就把经卷制成牌片打着玩，后来有人好奇地问他们这是哪儿来的，他们说是掏鸟窝掏到的，这人总觉得不对劲，就去报告了文管办。通过考古发掘总共出土一百多卷经卷，保存最完好的一卷就是那小孩掏出来的。到了上世纪80年代，我们在伦敦发现了余下的经卷，那个时候的拍卖价已经达到一百万英镑左右。

　　这个是银杏木彩绘四大天王像内函（图3），真珠舍利宝幢就是放在这个内木函里的，外部由银杏木制成，内壁上书有"大中祥符六年四月十八日记"字样，为宋代年号。

　　越窑青瓷莲花碗（图4），属于五代时的秘色瓷，于虎丘塔发现。在发现后的很长一段时间里，我们一直认为这件文物很一般，后来，当时上海博物馆的副馆长，同时也是著名的瓷器专家汪庆正先生向我们借这件文物，在1995年上海博物馆召开的秘色瓷学术研讨会上，正式把它确定为秘色瓷，而且这件文物比法门寺的秘色瓷还要好，之后国家文物局将其定级为一级甲等文物。

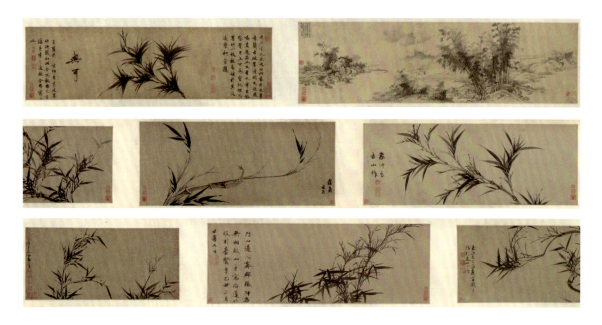

图5 七君子图卷／元

《七君子图卷》（图5），是将六个人画的七幅图同时装裱到一起而成的，分别为元代著名的画家赵天裕、柯九思、赵原、顾安、张绅、吴镇。

苏州博物馆这几年一共做了一百多场临时展览，主要分为两块，一块专门是做现当代艺术，比如徐悲鸿的作品展，又比如贝老指定的蔡国强、徐冰、赵无极的开馆大展，还有吴冠中、朱德群、罗中立的展览，这些大师的画作现在拍卖价都非常高，但每做完一次展览他们就会捐赠一件作品给苏州博物馆。我们现代艺术厅的展览在艺术界是非常受追捧的，现在大概有几十位艺术家想要在此举办展览，因为苏州博物馆是不收钱的而且还帮助艺术家完成整体策划。但我们对展览的品质也有要求：作品必须出自国际或者国内顶级的艺术家。这和一般美术馆的操作方式不同，有的美术馆是艺术家给钱然后排队进驻，但在苏州博物馆，有些艺术家即使给了钱也进不来，因为他必须经过我们展览评审委员会的评估和同意。我们展览评审委员会的委员都是些在业界颇有名望的人士，还有中国美术馆的著名策展人和馆内的专业人士。所以说我们对现当代艺术展览的筛选是很严的，很多艺术家都以能够在苏州博物馆做个展而感到骄傲。整个筛选的过程为：先将艺术家的材料发给各个专家，然后进行投票，看哪些人的作品可以展出。一般今年投的是后年举办的展览，我们一年只做四个现当代艺术的展览。现代艺术厅是运行下来我们相对比较满意的展厅。

策展时应该考虑到思想性、学术性和艺术性，要重视这样一些特性：选题、表达方法和形式。好的展览必须要有好的策展人，他同样要有思想性、学术性和艺术性。展览应当是温暖的，让观众看了之后觉得整个展览对于主题的演绎是完整的、是易于理解的，能够达到交流和引起思考的目的，而不仅仅是为了完成上级领导布置的任务。这就是我们比较欣赏的"以学术来引领展览"。我记得前年上海博物馆六十周年的那几个展览都是学术引领的，比如元青花、美国藏中国宋元书画作品展，尤其是竹刻艺术特展，将小众的文物做出了非常大气的展览，在业界的影响很大。

我现在介绍一下苏州博物馆做过的称得上是以学术来引领的展览。比如"吴国王室青铜器"展（图6），是我们为了配合2010年中国文化遗产日苏州主场城市活动的一个展览，总共只有13件文物，且所有的文物都是从其他博物馆外借的。除此之外，为了庆祝《七君子图》归来，苏州博物馆做过一个历代文人墨竹的专题展览（图7），并开了一个研讨会。

图6 "吴国王室青铜器"展厅

图7 观众参观"历代文人画竹珍品特展"

图8 "石田大穰——吴门画派之沈周特展"幅旗

图9 "衡山仰止——吴门画派之文徵明特展"幅旗

这几年我们一直在策划关于"吴门四家"的专题展览,即沈周、文徵明、唐寅、仇英这四位大家。这几位画家都是苏州人,然而由于各种各样的原因,"吴门四家"在苏州留下的画作却很少。苏州博物馆只有三幅沈周的作品,其中一幅还尚待考证,所以办沈周的"石田大穰"展览(图8)时,我们向14家单位借了展品,主要为故宫博物院、上海博物馆、南京博物院等。值得庆贺的是,今年文徵明"衡山仰止"展览(图9)得到了业界的普遍认可。

今年的文徵明展览我们所追求的格调是与文徵明相呼应的文人气息,展品有其早期作品《人日诗画》(上海博物馆藏);以米家法所绘的《云山图》(上海博物馆藏),上有沈周、唐寅、文徵明三个人的题跋;早期代表作《惠山茶会图》(故宫博物院馆藏);文徵明很少画的《雪景图》(上海博物馆藏);晚期青绿山水代表作《万壑争流图》;《仿倪云林山水》(重庆中国三峡博物馆藏);《桃源问津图》(辽宁省博物馆藏);《漪

图10 观杏图／明／唐寅　　　　图11 龙头诗／明／唐寅

兰竹石图》，已成为画兰花的范本；《老子像》（广东省博物馆藏）；《虞山七星桧图》（美国夏威夷博物馆藏）；仿黄庭坚大字的作品，文徵明早期绘画出挑但书法平平，中年以后开始发奋练字，经过努力，精通各种各样的字体，成为大家临摹的范本。他生前最后一幅书法作品是于90岁高龄时完成的。文徵明的一生过得是很精彩的，子孙和学生都非常争气，生命的最后一刻还在替人写墓志铭，未及写完便"置笔，端坐而逝"。

2014年12月8日苏州博物馆将举办唐寅的展览。其中有过云楼后人、苏州博物馆的老馆长顾公硕先生捐给我们的一幅《观杏图》（图10），以及《龙头诗》（图11）。另外还有安徽博物院藏的《匡庐图》，是北宋时期的全景式构图，包括山的皴法，完全是北宋的风格。这次将会展出的还有天津博物馆藏的《菊花图》，以及中国美术馆和辽宁省博物馆藏的行书《落花诗》，唐寅做过很多首落花诗，大概有三十六首左右，每次所录诗作的数量不同，内容不同，书法风格也不尽相同。除此之外，我们还要隆重推出重庆中国三峡博物馆藏的唐寅临《韩熙载夜宴图》。今年9月份，苏州博物馆还会与重庆中国三峡博物馆一起合作举办有关古琴的展览。

图 12　苏州博物馆新馆

二、开放包容

　　苏州城市精神的第二条是开放包容。所谓开放包容是指开放借鉴、兼容并蓄。苏州所要宣示的是以开放姿态和海纳百川的胸怀博采众长，这体现了苏州人一种动态的追求，借鉴吸收一切先进文化所创造的有益成果，并不断开拓、发扬光大。苏州博物馆正是古今融合的佳作，这首先从苏州博物馆的建筑（图12）可以看出。贝老设计的特点是基本上没有弧线的，用几何的形式来表现。从美观的角度来讲，大多数人都表示认可。

　　除了建筑设计上的不同以往，我们对苏州文化遗产的保护方面也做了很多工作。物质文化遗产与非物质文化遗产是苏州历史文化的双璧，它们赋予苏州独特的城市特色和个性，同时也为博物馆保护和弘扬优秀传统文化提出了更高要求。其中"苏裱"就是国家级非物质文化遗产。"苏裱技艺"以其选料精良、配色素雅、装置熨贴、经久不脱为特色。书画是我们馆藏的重点，保护好这些珍贵文物，是我们的职责。我们于2008年成立了书画装裱修复工作室，购置了相关仪器，聘请有丰富经验的苏裱工艺大师范广畴先生具体负责馆藏书画的修复和苏裱技艺的传授，每天记录书画修复过程，健全苏裱工艺档案，"苏裱技艺"这一项传统工艺在我们这里得到了很好的传承（图13）。2011年，苏州博物馆被明确为"苏裱技艺"的责任保护单位。

　　平时我们常常与国外的艺术机构保持交流，积极学习吸收业内先进的成果，是我们长久以来坚持不变的工作思路。这几年，我们已经与美国圣地亚哥艺术博物馆、韩国国立全州博物馆、德国柏林历史博物馆、丹麦西南日德兰博物馆、瑞典斯莫兰博物馆正式缔结了友好博物馆（图14），开展了如馆长互访、员工培训、展览互换等多个实质性的合作项目，效果不错。

图13　苏州博物馆书画装裱从业人员阶段性技术考核

图14　苏州博物馆与丹麦西南日德兰博物馆缔结友好馆

图15　"大明苏州"系列讲座

图16　"印象@苏博"画信活动获奖作品

三、创先争优

苏州改革开放几十年来的巨大变化，可以说是奇迹。创造奇迹的根本原因，我觉得是因为苏州人在现实的基础上，踏出了一条符合实际的创新之路。同样，这几年，我们也借着苏州的发展，以新馆为平台，走上了快速发展之路。博物馆作为日益被瞩目的公共文化机构，以其独有的文化资源和文化方式为城市发展服务，以独特的博物馆文化引领城市文化、弘扬城市精神。因此，我们一直坚持"建设与国际接轨、国内领先、世界一流的博物馆"的宏伟目标，逐步发展特色服务，吸引了每年超百万的观众。

按照以前苏联的说法，博物馆有三大功能：收藏、研究、展示。那时候博物馆内有个部门叫做"陈列宣教部"，把陈列和宣传教育放在一起，而现在则专门有社会教育部，将社会教育和公共服务放在了比较重要的位置上。前两年召开的国际博协大会上，将博物馆的功能改为四大功能，首当其冲的就是社会教育，可见把社会教育与社会服务提到相当高的高度。博物馆不应仅仅是一个保管文物的地方，它最终的目的是为了实现社会教育，让观众来理解文化、来得到美的感知。如果违背这一个目的的话，等于失去了博物馆存在的意义，所以我认为社会教育必须被提到一个比较高的认识水平。

我们这几年在社会教育上也投入了很多精力，特别是在社会教育的定位方面，强调构筑分众化的博物馆终

图17　"寻找唐寅的足迹"文化体验活动

图18　"听得见的历史"室内音乐会

图19　周庄开庄大典民俗巡演

图20　2013中国博物馆协会志愿者专委会年会在苏博召开

身教育，针对不同年龄、不同兴趣的参与者来制定活动，采用菜单制的服务来方便大家参与。我们在社会教育方面实行预告制，每年会有一本预告书，每两个月会有更详细的信息公告。去年，配合文徵明展览做了一个"大明苏州"的系列讲座（图15），涉及到明代苏州生活的方方面面，活动反响很不错。今年，苏州博物馆举办了第六届"印象@苏博"画信活动（图16），吸引了海内外三百多人的参与，同时利用这个活动开发了一些文化产品，销售情况很不错。除此之外，还有提供给学生的体验之旅（图17），相对于传统意义的旅游，体验之旅能让学生对博物馆、考古工地有更深入的了解。另外，博物馆还走进社区和学校，向民众介绍我们的展览，开设艺术系列课程，每个月定期举办"听得见的历史"小型室内音乐会（图18），举办文博系列论坛讲座等。由于现在传统文化的式微，我们还举办了民俗文化体验活动，我们能有这么多的能力和精力，与2006年苏州博物馆和苏州民俗博物馆的合并是分不开的。周庄的很多的展演也是我们民俗部组织的（图19），我们的老馆长金煦对周庄的开发做了很大的贡献，他虽然已经过世了，但周庄人民常常缅怀他。当然，社会教育应当重视对大众的美的意识的培养，但事实上效果并不如我们预期的那么明显，现在的中小学生到博物馆来就如同春游、秋游，他们的欢乐主要来自于不用上课，到博物馆来游玩一趟，真正能获得多少知识就不得而知了。所以博物馆的社会教育应当针对谁、要达到什么样的效果都是应当思考的，我们的社会教育还处于非常浅表的层次，并没有完全达到我们应该做到的地步。

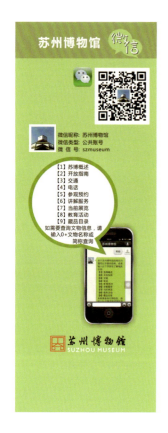

图21 苏州博物馆官方微信标识

在志愿者方面,我们也取得了不俗的成绩。从中国博物馆协会最初开始评选优秀志愿者一直到去年,不管是集体奖还是个人奖,我们基本上都得过了(图20)。我们有160多位在册的志愿者,他们有自己的志愿者管理委员会,自己排班、自我管理,馆方只有一名工作人员协助他们处理日常事务。其中最让我感动的是一位加拿大华人,特地每月坐飞机从加拿大飞到中国,只为每个月到苏博来做一次志愿者。我们的志愿者真的是一群非常可爱的人。

另外,在信息化和新媒体方面,我们自己开发了"藏品管理系统""数字资产管理系统""游客信息管理系统""家谱数字化管理系统""志愿者管理系统",也有自己官方的微信(图21)、微博、电子导览APP。这些都很实用,比如"游客信息管理系统",当"目前在馆人数"超过设定的900人警戒线时,就会有红色报警提示,有效地控制了在馆的观众流量。同时,我们也是全国首家免费为观众提供移动智能终端导览应用服务的博物馆,藉此获得了全国博物馆"免费开放最佳讲解导览奖"。这个APP在行业内也得到了普遍认可,我们之后,国内已有10多家博物馆陆续发布了基于移动智能终端的应用服务。去年,我们立足于观众体验,结合用户反馈意见和自身特点,对已有的移动智能终端导览应用服务进行了二次升级,不仅推出了不同的参观线路,还将文物三维展示加入了应用服务,让观众能够更加直观地欣赏展品。

四、和谐致远

苏州属于吴文化地区的中心,苏州人一直在追求一种"宁静致远、内敛不张扬"的境界。这种精神和韧劲是苏州持续发展的内在动力之一。现在,苏州博物馆已经成为苏州城市文化的一张名片。"建设与国际接轨、国内领先、世界一流博物馆"的宏伟目标也将一直是我们今后的努力方向。

博物馆要发展,首先是要有一批有理想有抱负的人。近几年,我们十分注重对员工的培训。利用每周一的闭馆时间,聘请相关专家给员工进行业务培训和英语培训,七年来,培训内容已经涉及了中国书画、古代玉器、吴文化研究、中国古代史、考古学概论、古代工艺品、博物馆学、明清家具等十余项,考试成绩与绩效工资直接挂钩。

不仅如此,在苏州博物馆,出国学习从来都不是领导的专利,博物馆为每一位员工特别是业务骨干创造了一切出国学习和交流的机会。2011年,主管社会教育的员工成功申请由美国国务院组织的ILVP民间访学项目赴美考察学习。同时,每一位出访的员工(包括馆领导)回国后,都要把自己在国外学习的体验与所有的员工分享,从而达到"一人出国,大家受益"的目的。此外,我们还与南京大学历史学系以学术研究为主要内容开展了一系列合作项目(图22);今年也与故宫博物院合作在苏州开了故宫学院的分院(图23)。

我们也派人到友好馆进行学术互访。通过交流发现想象与现实之间有很大的差别,这个想象包括我们对国外的想象以及国外对中国的想象。我一直很反对"外事无小事"、看见外国人就必须非常注意礼仪的说法。尽

图22　苏州博物馆与南京大学历史学系签订框架合作协议　　图23　苏州博物馆与故宫博物院合作在苏州开办故宫学院分院的揭幕仪式

管最基本的礼仪还是要的，但刻意的恭维就完全没有必要，其实应该反过来讲"外事无大事"。大家对等地交流、不卑不亢，我觉得这是最好的。其实国外的人并不喜欢我们用"中国人的方式"来表达，直截了当的与他们谈事才是他们更能接受的。前段时间我与原尤伦斯美术馆馆长、法国人杰罗姆·桑斯商量项目，开始的时候大家还讲了一些客套话，之后就直接进入正题，非常清楚地列出项目要做的事情，比如提供什么服务、怎么开价、预算要怎么报给我们、要精细到什么地步等。他很惊讶，说："中国人是这样谈的么？"我说："就是这样谈的，直接问我你想要知道的事情就行了。"对外交流的时候，大家互相沟通多了也就互相理解了，博物馆正是起到了一个沟通桥梁的作用。

要注重特色，要强调专业，还要关注效率，这就是我们博物馆要做的几件事情。目前苏州博物馆在业内有一定的影响力，从我个人来说，尽管基于各种条件，苏州博物馆不可能成为一个非常大、非常好的博物馆，但是我希望经过大家不断的努力，把苏州博物馆建成一个受人尊重的博物馆，一个能够给大家带来一些想法的博物馆，而不是说教式的、高高在上的博物馆。

博物馆原创性展览的探索和实践

陈浩　浙江省博物馆

2004年，浙江省博物馆率先在全国省级博物馆中实行常年免费开放。2008年开始，除遗址类博物馆外，文化文物系统的国有博物馆均已开始实行免费开放，此举成为一项文化惠民举措。观众走进博物馆后都希望能够有所收获，加之时间亦是十分宝贵，观众如何能在有限的时间里，在博物馆中获得什么，这是博物馆管理者需要重视的一件事情。博物馆有责任、有义务为观众提供优质的产品，这些产品就是我们的陈列、我们的展览；为观众提供优质的服务，这些服务就是我们的讲解、我们的宣教活动等。陈列展览是博物馆与观众接触最密切的、观众感知最强烈的一个方面，而原创性展览是实现与观众有效互动的最佳角度之一。

一、陈列与展览

陈列展览是一种面向社会公众的传播工具，其宗旨是借助于视觉的和形象的手段来传播有关人类及其环境的物质见证物的信息、思想和情感。那么，什么是陈列，什么是展览，说到底，陈列和展览其实是一回事。陈列和展览在业内的定义大致是这样的：博物馆里展示时间较长，相对固定的展览，称为陈列。陈列包括基本陈列和专题陈列。而展示时间相对较短的陈列称为展览，我们一般称作临时展览。临时展览包括原创性展览、馆际交流展览和其他展览。

以北京故宫博物院的陈列为例，其最主要的陈列并不是它的书画陈列、陶瓷陈列、青铜器陈列，而是故宫的原状陈列，这是体现故宫作为皇家宫廷博物馆性质的陈列。另外，故宫收藏的书画、陶瓷、青铜器等的陈列则是它的专题陈列。同时，故宫也举办很多临时展览。

上海博物馆是一座艺术博物馆，它的书画、陶瓷、青铜，它的雕塑、玉器、钱币等陈列都是专题性的，不仅体现了上海博物馆的性质，也反映了这座博物馆的收藏特色。

浙江省博物馆是一座以历史文物为主的综合性的人文科学博物馆。作为一家区域博物馆，我们有基本陈列，即"越地长歌——浙江历史文化陈列"（图1）。除此之外，另有多个专题陈列，来弥补基本陈列的不足或者体现收藏的特色。例如，浙江是中国陶瓷的主要发源地，所以"昆山片玉——中国古代陶瓷陈列"（图2）是浙江省博物馆十分重要的专题陈列。又如，浙江的民间工艺非常丰富、历史非常悠久，我馆就专门打造了"意匠生辉——浙江民间造型艺术"专题陈列。在临时展览方面，除原创性展览之外，比较重要的还有馆际之间的交流展览。二十多年前，馆际之间展览交流还是很少的，其中既有经济原因，更有观念上的原因。但是近十年来，馆际之间展览交流非常频繁，作为资源共享的一种模式促进了博物馆事业的发展。如浙江省博物馆2013年在省外博

图1 基本陈列"越地长歌——浙江历史文化陈列"序厅　　图2 专题陈列"昆山片玉——中国古代陶瓷陈列"序厅

物馆举办展览15个,在省内市县博物馆举办展览也有13个。浙江省博物馆近年来赴省内外办展基本上都是这样的规模与频繁程度。所以,临时展览对搞活博物馆尤为重要。

二、原创性展览

所谓原创性展览,则是博物馆策展人员在深入研究的基础上,通过整合文物资源而打造的具有特定主题意义的首创展览。一般来说,博物馆的基本陈列、专题陈列都具有原创性质,而临时展览的情况较为复杂,不尽如此。有不少博物馆将自己举办的许多展览都认作是原创性的展览,但从严格意义上来说,似乎还不能够纳入这一范畴。我们经常可以看到许多这样的展览,通常是将展品按照年代或类别进行展示,除了前言和展品说明之外,几乎再也没有其他内容,展示形式也没有任何创意,对于广大观众而言,看到的只是个体的"物",而无法体会到作为一个展览的整体意义。

截至2013年年底,最新的官方统计数据是,中国的博物馆一共有4165家,其中国家一级博物馆有95家。国家一级博物馆应该是中国一流的博物馆。在这些博物馆中,当然不乏原创性展览办得很好的博物馆,但是仍有一些展览从我个人角度看并不是原创性展览,有一些在我看来根本不能够算是好的展览。总之,中国的博物馆在展览的道路上也是任重道远的。

我认为,原创性展览至少有六个特点。

一是自主性。与纯粹的引进展览不同,原创性展览应该是博物馆自主策划、举办的。

二是创新性。上海博物馆每年基本上有4到6个展览,数量虽然不多,但质量都很高。浙江省博物馆和上海博物馆不同,近十年来,每年举办的展览基本上在30个左右,其中原创性展览一般在10个左右。引进的展览有时候会根据博物馆自身的馆藏或浙江的地域特色进行内容补充。如2010年举办的"丝绸之路——大西北遗珍"展览,即西北五省区联合推出的丝绸之路文物精品展览,在浙江省博物馆展出的时候,我们结合自己的馆藏对内容进行了补充。我馆收藏了200多件敦煌文献,不仅与佛教有关,而且涉及当时民间生活和社会背景,有很高的史料价值,丰富了展览的内容。2013年,湖北省博物馆组织并推出了"世外万象——道教文物特展",浙江省博物馆引进该展览时,结合浙江道教文化的特色,新增了一个展览单元。以上两个展览,虽然展示内容有所充实,展示形式也是根据本馆展览空间重新设计的,但在我看来都不属于原创性展览。原创性展览的内容和形式必须是完全由自己策划和实施的,应该具有首创性质,对原有的或引进的展览,经过"再加工",也不能视为原创性展览。与其他展览比较，原创性展览无论是在内容还是在形式上都应有突出的亮点，与众不同才是关键。

三是学术性。学术性是博物馆展览的基本特点，更是原创性展览的基石。学术研究是博物馆的重要工作，原创性展览则是一项重要的学术研究成果。策展人员不仅要对拟展示的展品进行深入研究，同时还需对这些展品所蕴含的多方面的意义进行探究，从而确定每件展品在展览中的地位。

四是思想性。策展人员总是希望通过举办原创性展览告诉观众想要表达什么，换言之，观众在参观展览之后会有怎样的感悟，应该是策展人员预设的目标。诚然，不同类型的博物馆举办的各种原创性展览可谓千差万别，有的可能只是侧重传播某一方面的知识，但有的经过策展人员的深入研究，通过对展品的有序组合，从而使展览具有一定的主题意义。这种思想性可以是直白的，也可以是隐现的。不过，博物馆类型各异，也未必所有展览都需要具备思想性。比如自然博物馆举办的蝴蝶展览、植物标本展览等，它传播的是一种知识，而不是思想。而像浙江省博物馆、浙江革命历史纪念馆这样的博物馆、纪念馆等举办的展览有许多都会具有主题意义。2001年，浙江省博物馆举办"一艘小船·一个大党"展览以纪念中国共产党成立80周年。策展的灵感来自于嘉兴南湖上的一艘小船和一个拥有8000万党员的大党。从每一个单元、每一块展板到每一张图片，清晰地告诉观众中国共产党逐步发展、逐渐壮大的历程，整个展览的主题鲜明突出。同样，前面提到的浙江省博物馆的基本陈列"越地长歌——浙江历史文化陈列"也是如此，它充分展现了现代浙江精神的源与流，只是其主题思想是隐现的，更需要观众去体会和感悟。

五是通俗性。观众看不明白的展览，肯定算不上是好的展览。我们的内容设计一定要让观众看得懂，看得明白。有的博物馆策展，单元与单元之间、器物与器物之间的关系都没有交代清楚，观众肯定一头雾水。博物馆面对的是不同学历、不同知识背景的社会公众，因此，原创性展览应在不失学术规范的前提下尽可能做到通俗易懂，从而吸引观众，达到有效传播的目的。

六是精品化。这里所说的精品，不单是指展品要精美、珍贵，有时一件标本也可以反映一种历史现象、反映一种文化意义，同样是非常重要的。原创性展览应是精品展览。尽可能展示能够揭示主题意义的珍贵展品是策展人员的共同愿望，但这里所说的精品不仅是指展品的珍贵性，还包括展览的学术程度、立意亮点、通俗可看等许多方面；同时，作为原创性展览的外在表现，形式设计和施工布展也同样重要，应该成为"精品工程"。

我认为，同时具备以上六个特点的展览才能称为原创性展览。

三、原创性展览案例分析

近年来，浙江省博物馆在办好基本陈列和专题陈列的同时，不断推出丰富多彩的临时展览。特别是免费开放之后，为了吸引更多的观众走进博物馆，积极探索，努力实践，倾力打造了许多原创性展览。下面是对几个原创性展览的案例分析。

案例之一："越魂——历久弥新的民族精神"（图3）

"越魂——历久弥新的民族精神"是浙江省博物馆在2004年9月推出的原创性展览。展览汇集了浙江全省各地及部分省市於越时期（主要集中在春秋战国时期的越国）的文物精品近200件（组）。

展览共分三个相对独立的部分：

第一部分是"越人与越国"，主要介绍於越人"饭稻羹鱼""断发文身"和"习水便舟"等富有特色的生存方式及立国争霸的基本史实。中国南部地区当时称为"百越"，"於越"是"百越"里较发达的一支，越王后来成为春秋五霸中的最后一名霸主，这与它的文化发展是密切相关的。过去通常认为，中华民族的发祥地是

图3 "越魂——历久弥新的民族精神"展厅一隅　　　　图4 青铜鸠杖杖镦跪俑／春秋　　　　图5 原始瓷篅／西周—春秋

在中原地区，而东夷南蛮都是不发达的，非常落后的。但是，事实并非如此，只是文化有所差异。（图4）

第二部分是"耕与战"，通过越地出土的青铜器，揭示於越民族精勤耕战的文化品格和经济本位的价值取向。浙江的青铜矿藏并不丰富，所以青铜非常珍贵。当中原国家大规模铸造精美的大型礼器以祭祀冥冥之中的神明时，越人却面对现实，用这些珍贵的青铜原料铸造工具、农具和兵器，努力发展经济，加强军备，把耕、战视为国家事务中的重中之重。这种"精勤耕战"的品质，正是於越人生存与发展的关键，是"越之魂"的核心。

第三部分是"瓷器之国的前奏曲"，通过越地经历从陶器、原始瓷，最终发展出成熟瓷器的历程，说明瓷器发明于浙江的事实，并以此反映於越人勇于开拓、善于创新的精神。这种影响人类文明的重大事件在浙江完成，是古代於越人智慧、创造力的集中体现，也是浙江先民为人类文明所做的杰出贡献之一。浙江绍兴、宁波一带是青瓷的发源地，目前，学术界公认的成熟青瓷是在东汉时期的浙江诞生的。在这之前，於越人就早已开始烧制原始瓷了。原始瓷的出现和青铜原料的缺乏有很大的关系，将自身不多的青铜原料用来制造工具、农具和兵器，反映了於越人务实的精神。但是，於越人并不是像史书记载的那样，於越人也有自己的礼俗，自己的崇拜和信仰，很多用于祭祀的器具都是用的原始瓷器（图5）。原始瓷是成熟瓷器的前身，根据最新的考古发现以及检测报告，部分原始瓷的理化指标已经达到成熟瓷器的标准。

浙江是一块文化的沃土，改革开放的伟大实践，全面激活了浙江人身上的"文化基因"，强化了他们适应市场经济的思想观念和行为方式，从而创造了经济腾飞的新局面。辉煌的物质成就背后支撑的是厚重博大的文化底蕴，是千百年来在浙江大地上薪火相传、生生不息的民族精神。於越人具有开拓进取的秉性、坚忍不拔的意志和卓越非凡的智慧，从而形成了经济本位的价值取向、精勤耕战的文化品格和自强不息的民族精神，这是浙江精神的源头，并且在历史的长河中不断演进，发展成为"自强不息、坚韧不拔、勇于创新、讲求实效"的现代浙江精神。

"越魂——历久弥新的民族精神"展览以弘扬历史文化、培育民族精神为主旨，我们希望通过展览，解读历史，总结经验，服务于当代浙江经济社会新的发展。这正是我馆举办这一展览的目的。

案例之二："吴越胜览——唐宋之间的东南乐国"

2011年9月，筹备时间长达将近五年的大型原创性展览"吴越胜览——唐宋之间的东南乐国"隆重开幕。

展览分三个部分：第一单元"唐宋之间"，通过金龙银简、碑刻墓志、文书经卷及吴越国王室墓葬出土的定窑白瓷器、契丹境内出土的越窑青瓷器、南唐铜镜、日本铜钱等实物展示吴越国的历史和内政外交；第二单

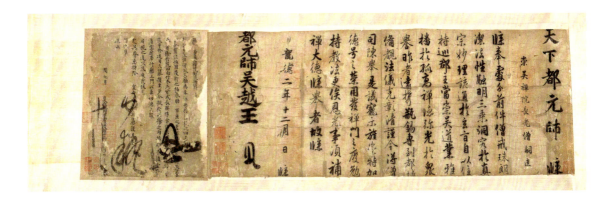

图6 吴越国钱镠、钱俶二王批牍合卷

元"吴越胜览",从越窑青瓷、王室玉器、金银器具、雕版印刷、线刻铜镜五个方面展示吴越国的物质文化和工艺成就;第三单元"东南乐国",从钱弘俶塔、佛教造像、刻经写经三个方面展示吴越国的精神文化和宗教信仰。(图6)(图7)

浙江省博物馆藏有丰富的吴越国时期的珍贵文物,为更好地展示吴越国的历史和文化,又特向省内外20家博物馆和三位收藏家商借展品,共展出文物247件(组),其中一级文物多达80余件(组),许多展品为首次公开亮相。通过这一展览,观众对吴越国有了一个清晰的认识,即从第一代国王钱镠到末代君主钱俶统治的80余年间,吴越国实行"保境安民"的基本国策,大力兴修水利,发展生产,拓展海外贸易,繁荣科学文化艺术,在唐宋之间的纷乱中,保持了境内的繁华与安宁,为后世南宋定都杭州打下了坚实的基础。展览推出之后,受到了业内的肯定和观众的好评。

图7 杭州雷峰塔地宫出土的鎏金铜龙柱佛像

案例之三:"浙派集英——明代浙派绘画珍品特展" (图8)

中国绘画风格的演变呈现出有趣的节律。一般来说,新旧王朝更替,政治上的对立十分强烈,对前代的批判自然也更为全面。表现在绘画上,本朝总是竭力反对近朝,而远师前代,这就是中国绘画史上最寻常的"复古"现象。绘画风格的流变也总是在复古与创新的交融之中呈现出往返回复的现象。

明代浙派的出现正是这一现象的典型代表。浙江是浙派的重要策源地,也是其命名的由来,作为浙江的博物馆人,回溯这一段画史,自当有着一份传承深厚地域文化传统的职责和使命。2012年4月,浙江省博物馆经过近三年的策划、筹备,推出了"浙派集英——明代浙派绘画珍品特展"。为充实展览内容,浙江省博物馆还向北京故宫博物院等省内外14家文博收藏机构商借展品。

展览以浙派的起源、发展,到逐渐走向衰微及至延续民间的时间历程为线索,分为"旗手戴进与吴伟""浙派与院体的交汇""生命的延续""别具一格的蓝家样"四个单元,共展出相关作品57件(组),是有史以

图8 "浙派集英——明代浙派绘画珍品特展"展厅一隅

图10 "惠世天工——中国古代发明创造文物展"序厅

图9 三顾草庐图轴／明／戴进／故宫博物院藏

来最为齐全也是最为精彩的浙派绘画大集合，较为系统和完整地展示了浙派及相关绘画作品，以呈现浙派绘画艺术的精华。展览是想告诉观众，浙派是明代前期最重要的一股绘画潮流，它的渊源可以追溯到南宋时期的宫廷院画。这一派清刚劲健的画风，在进入元代后一度陷入沉寂，而至明代，在皇室的赞助和倡导下，随着地方和宫廷画院间画家的交融和流动而再度复兴，呈现出强劲的生命力。在浙派发展的鼎盛时期，领军者戴进（图9）、吴伟开创了一种运笔刚健自由而富于表现性的绘画风格，并由此确立其在画史中的地位。

后继者在此基础上发展出更为恣肆放纵的笔墨风格，但终因流于粗率而招致批评，并随着文人画品评标准的盛行逐渐淡出画史的主流。由风云际会、备受激赏，到文人评论家目中的"日就狐禅"，浙派跌宕起伏的命运浮沉，是画史中极富戏剧性的一个段落。它的兴衰，反映着绘画风格流变的自身发展规律，也折射着社会、政治、文化等诸多因素对艺术所产生的影响。虽然浙派绘画淡出历史舞台，直至今日也并不为许多人所珍视，但是无论褒贬，由浙派这一画家群体所创造的活泼、多元化的艺术样式，无疑是中国绘画发展历程中重要的一环，其流风播及民间艺术和日本、韩国画坛，更显现出广泛而深远的影响力。

案例之四："惠世天工——中国古代发明创造文物展"（图10）

在我们这个古老的国度里，曾经有过许多的发明创造。如今，古代的那些发明与创造，随着历史的脚步渐行渐远，是不断面世的古代文物和文化遗产让我们淡忘的记忆又渐渐清晰起来。中华民族历来是勤劳勇敢、富有创新精神和创新传统的民族，在长达5000年的中华文明发展史上，创造了许多令整个世界叹为观止的科技成就，既有造纸术、火药、印刷术、指南针等四大发明，也有十进位制、赤道坐标系、二十四节气等重大的发明和发现。而还有一些发明创造并不惊天动地、光辉夺目，却与人们的日常生活息息相关、密不可分。它们的出现与发展，提升了生命的质量、丰富了生活的内容、扩大了审美的范畴、支撑了人类的繁衍、保障了文化的传承、推动了社会的进步。

为了传播中华民族自古以来非凡的生命力和创造力，系统探究我国古代发明创造的起源、发展脉络及其蕴含的价值、历史经验和启示，增强广大民众和国际社会对中华文化的认识与认同，推动优秀传统文化薪火相传、发扬光大，2012年7月5日，由国家文物局主办、浙江省博物馆承办的第二届"指南针计划"专项成果展览："惠世天工——中国古代发明创造文物展"在武林馆区隆重开幕。

展览共展出珍贵文物312件（组），其中一级文物多达138件（组）。展览的文物，除浙江省博物馆藏外，还特别向全国各地的55家博物馆、考古所等商借各类相关展品189件（组）。这些展品与展览主题贴切，并在侧重信息定位的同时兼顾可看性，可谓精品荟萃。（图11）（图12）（图13）（图14）

展览分为"百情重觞""芳茶远播""丹漆随梦""以铜为鉴"四个部分，较为全面地介绍了酒、茶、漆器、铜镜的起源、发展、文化和传播等多方面的情况，告诉观众这类"润物细无声"的发明创造对当时社会的影响，引导人们从平凡的事物中了解博大精深的中华文明。在传承与创新、强国与富民并重的今天，当我们端详着这些中国古代与生活息息相关的发明创造时，感悟到的是这些发明创造源于生活而又惠及世人生活的真谛。

整个展览以信息定位的形式进行设计、布置，展板上的大量文字、图、表，诠释与世人生活紧密相关的酒、茶、漆器和铜镜的生产技术发展脉络和其他各方面的信息，文物、制作工具、场景、模型、多媒体等，则分别起到实证、辅助说明和烘托气氛的作用，从而使展览能够吸引更多的观众，并且能够让观众看懂展览，进而达到传播的目的。

同时，为了更好地进行宣传，扩大展览的社会影响，浙江省博物馆还紧跟数字时代的步伐，制作了三维动态数字化虚拟展览，方便观众通过网络观看展览。展览期间，在观众互动区域举行了品酒活动和茶道表演，让观众近距离地体会酒文化和茶文化的魅力；还举办了一系列的与展览内容相关的专题学术讲座。这些展览的延伸项目，不仅是对展览的极佳补充，更是特意为广大观众献上的文化盛宴。

案例之五："情语——丰子恺《护生画集》真迹展"（图15）

《护生画集》由弘一法师和他的学生丰子恺共同酝酿于1927年秋，丰子恺作画，弘一法师题写诗文。他们本着以人道主义为宗趣的理念，意在提倡仁爱，劝人戒杀从善，建立人与动物平等的观念，促进人与自然的和谐共处。

本次展览由浙江省博物馆和钱江晚报联合举办。展览分为全集概览、戒杀警世、善爱生灵、和谐家园四个单元。举办本次展览，旨在通过对《护生画集》这一艺术文化经典的展示，在建设美丽家园的过程中，加强人们对保护动物、促进生态平衡重要意义的认识，以推动人类、自然、社会和谐发展。

2013年5月18日"国际博物馆日"主题是"博物馆（记忆＋创造力）＝社会变革"。《东方早报》2013年5月20日《博物馆让人感动的是对创造力的坚持》："在浙江省博物馆中，看到许多家长带着他们的孩子一起在看丰子恺的'护生画集'展，看画又读故事，都很投入很专注，'爱'、'信任'这些大词瞬间就变成了热热的情绪，不再是简单而抽象的概念。我想这些小孩大概不会轻易忘记这次参观的，他们会明白生命的可贵起自于对普普通通的花草树木、猫猫狗狗的怜惜，然后才是如何爱身边的人、爱自己的父母、爱国家、爱我们的文化。从这个意义上讲，我们都应该向我们的浙江同行致敬，丰子恺所绘的'宽容和怜悯'其实是我们文

图 11　晋侯斯壶／西周／山西博物院藏　　　　　图 12　白釉茶器／唐／中国茶叶博物馆藏

图 13　张成造云纹剔犀盒／元／安徽博物院藏　　　图 14　鎏金"中国大宁"博局纹镜／西汉／中国国家博物馆藏

化记忆中最优秀的部分,'有情'地连接起了社会和博物馆,浙博馆的选择以及他们所有与之相关的工作其实即'创造力'三个字的注脚"。

案例之六:"守望千年——唐宋元书画珍品特展"（图 16）

"守望千年——唐宋元书画珍品特展"聚集了唐宋元七百余年间的书法、绘画传世作品 36 件,其中包括辽宁省博物馆收藏的唐代"草圣"张旭的《草书古诗四帖》、宋代赵佶《草书千字文》、赵构《草书洛神赋》、李成《茂林远岫图》、马麟《荷香清夏图》、元代王蒙《太白山图》等在中国书画史上具有标志性意义的国宝级珍品 32 件。此外,浙江省博物馆收藏的元代赵孟頫《行书吴兴赋》、黄公望《富春山居图·剩山图》等 4 件馆藏书画精华入展。

特展以"帝王名臣·翰墨风华""文人书画·旷世情怀""名家画工·遗泽流芳""承上启下·赵孟頫""佚名高手·丹青留痕"等五个主题,较全面地反映了唐宋元这一中国书画史上鼎盛时期多姿多彩的经典风格面貌。稀世瑰宝齐聚一堂,彰显了中华古代文明的华光。展览取得了圆满成功,并成为一起影响深远的城市文化事件。

1. 帝王名臣·翰墨风华

有宋一代"以文治国",文人士子以博学广闻、精晓文词为风尚,书法与绘画都受到帝王的鼓励,使宋人书画成为中国书画艺术上的一座高峰。太宗赵光义设立翰林图画院,至徽宗的宣和画院时,已然成为中国绘画

图15 "情语——丰子恺《护生画集》真迹展"展厅一隅　　图16 "守望千年——唐宋元书画珍品特展"展厅一隅

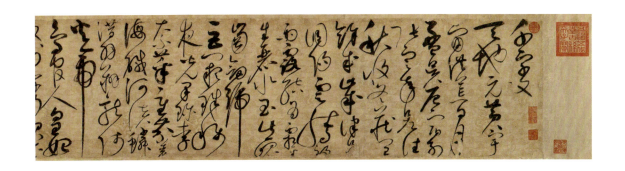

图17 草书千字文卷（局部）／宋／赵佶／辽宁省博物馆藏

史上一所著名的皇家绘画机构。宋代皇帝多擅长书法，其中以徽宗赵佶、高宗赵构父子的成就最为突出，二王传统成为王室书风主导的典型。宋徽宗天资超迈，书法工真行草书（图17），并创立"瘦金体"楷书，绘画花鸟、人物、山水兼备，在宋代皇帝中艺术造诣最深，冠绝古今。

宋高宗是历代帝王中用功最勤者，在其书法论著《翰墨志》中，高宗开篇即谓：余自魏晋以来至六朝笔法，无不临摹。又云：凡五十年间，非大利害相妨，未始一日舍笔墨。他平日里就是以翰墨自娱，沉浸于二王的书法。史书记载高宗书画皆妙，所作人物、山水、竹石自有天成之趣。此外，文人士大夫中亦不乏书家，如本单元中文天祥的《草书木鸡集序》，章法得力于王羲之，笔法取之怀素，收放自如，行笔流畅。

2. 文人书画·旷世情怀

唐代是中国书法艺术发展的高峰期，欧阳询、虞世南、颜真卿、柳公权等楷书大家，秉承魏晋以来墨迹与碑版的双重传统，逐渐突破王氏书法萧散妍妙，转向法度森严的风格。中唐草书大家张旭（图18）与怀素，突破传统格式，变今草为狂草，对狂草书体的形成具有开创性贡献。

北宋中期，宫廷书、画院制度逐渐完善，官方赞助的书法和绘画艺术活动达到高峰。此时的艺坛开始酝酿一场由士大夫阶层所主导、影响深远的艺术变革。"书为心画"的观点已经深入人心，书法发展逐渐摆脱二王书法传统以及贵族气质的表现，转而追求个人独特风格与文人气息的结合。

书法产生变革同时，文人画发展也臻于成熟。绘画由再现自然转向抒写情感，追求个人内在真实。欧阳修"古

099

画画意不画形""此画此诗兼有之"的理念，重视意境的表达而非形式的描写，普遍成为北宋后期士大夫的绘画观。他们将中国传统文化中的诗、书、画融为一体，成为后来文人画遵循的典范。

3. 名家画工·遗泽流芳

南宋高宗迁都杭州，经过数十年的经营，经济、社会均有较大发展，《都城纪胜序》可见一斑："圣朝祖宗开国，就都于汴，而风俗典礼，四方仰之为师。自高宗皇帝驻跸于杭，而杭山水明秀，民物康阜，视京师其过十倍矣。虽市肆与京师相侔，然中兴已百馀年，列圣相承，太平日久，前后经营至矣，辐辏集矣，其与中兴时又过十数倍也"，字里行间虽有溢美之词，但事实也的确如此。

宋代皇帝雅好书画，以国家的名义建立专门的绘画机构，宋高宗恢复了画院。南宋画院建制与北宋不同，高宗对画家奖掖甚力。杭州气候温暖适宜，西湖烟雨空濛，青山环绕，钱江怒潮波澜壮阔，激发南渡画家创作灵感，他们与画院本土画家共同发挥艺术才能，造就绘画艺术中兴。山水画家中的李唐、刘松年、马远、夏珪，被后人誉为"南宋四家"，名垂青史。

4. 承上启下·赵孟頫

赵孟頫是中国美术史上承前启后的书画大家，无论是其艺术创作还是对于后世的影响，均堪称里程碑式的领军人物。他才华出众，诗文清远，书画双绝。书法举凡篆籀分隶真行草书，无不冠绝一时。针对近代宋人书风的种种流弊，他主张"借古开今"，以王羲之、王献之为楷则，浸淫魏晋书风精深，手摹心追晋人法帖，脱去南宋陋习。王世贞称其"上下五百年，纵横一万里，复二王之古，开一代风气"。作品流传天下，遂成一代宗师，影响远及

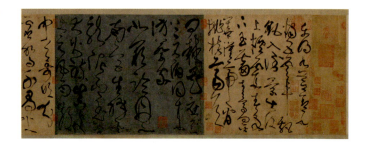

图18　草书古诗四帖卷（局部）／唐／张旭／辽宁省博物馆藏

图19　饮马图卷／元／赵孟頫／辽宁省博物馆藏

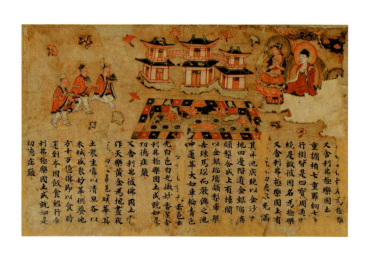

图20　佛说阿弥陀净土变相图（残片）／唐／浙江省博物馆藏

明清二代，无人能及。

　　作为元代画坛核心人物，赵孟頫的成就更令人瞩目，绘画创作范围广泛，涉及人马、山水、花鸟、竹石诸门科，又兼重彩青绿、浅色写意或纯水墨技法。针对南宋以来画坛流行的秾艳、纤巧之风，赵孟頫提出著名的"古意"论："作画贵有古意，虽工无益"。他提出"石如飞白木如籀，写竹还与八法通。若也有人能会此，方知书画本来同"，倡导以书入画，对元代文人画的成熟与风行，起到了推波助澜的积极作用。（图19）

　　5. 佚名高手·丹青留痕

　　古代书画在千年历史演变中，历尽易代更帜、兵燹破坏、转徙散失，流传至今实属不易。有的名作遭受首尾分离，甚至有好事者为图利，人为割裂、挪移作品中的名款，张冠李戴，给后人留下断代、定名及真赝鉴定难题。随着时代发展，认识的提高，我们对一些原有名款、流传有绪的古代书画名作，重新进行鉴定。在此过程中，发现有些名作的定名也许在古代就存有误区，需后人加以新的鉴别。如展览中原来一直以为是李公麟《九歌图》、赵伯驹《莲舟新月图》，经过后人的反复研究、考证，发现其实并不是李、赵作品，按现代书画鉴定的标准，在缺乏足够证据的情况下，遂将其改为佚名之作。

　　本单元另有部分绘制于纨扇、册页上的佚名书画，尺幅不大，画工精致，题材有山水楼阁、花鸟草虫及人物故事等，其中不乏出自画院画工之手。纨扇画因其艺术品质上乘、携带方便，受到上至皇室、下及贫民的普遍喜爱，蔚为风尚。纨扇画受到市场追捧，衍生了另一种新的书画装潢艺术形式——册页小品画。一些原先是屏风上的装饰画，或者是残损的卷轴画，被人收集，装裱成独立的扇页、册页。纨扇、册页书画多数无作者署款，但依据画风等相关因素，仍能判断其创作时代。这些题材多样、形式典雅的小品画，小中见大，在中国美术史上仍然占有极其重要的地位。（图20）

四、如何办好原创性展览

　　1. "策展人"或"策展团队"至关重要。

　　"策展人"是从西方引进的一个概念，在西方语境中，是指在博物馆、美术馆等非盈利性公共文化机构中从事展览构思、组织、管理的专业人员。一般认为，在中国，较早引入"策展人"概念并进行实践的，是在美术馆这一领域，而在博物馆界还是近年来才逐渐形成共识，开始进行探索的。

　　博物馆展览的策划是一项极具挑战并富于开创性的工作，也是一项需要付出艰辛和努力的智慧行动。从项目确立到内容设计，从形式设计到施工布展，从宣传推广到展后评估，策展人将承担所有的工作与责任，这就要求策展人不仅要熟悉博物馆的运行规律，同时还要有多方面的知识，并且具备总体协调的能力。当然，如果举办大型展览，个人的能力可能会显得力不从心，那么，策展团队的运作可以很好地解决这一问题。所以，一个原创性展览要取得成功，一名优秀的策展人或一支优秀的策展团队是不可或缺的前提。

　　2. 观众调查的必要性。

　　现在，许多博物馆都开始重视观众调查，希望通过调查、分析，获取相关信息，进而改善博物馆各方面的工作。然而，博物馆因为举办临时展览而进行专门的观众调查极为少见。展览策划是一项非常严肃的工作，虽然策展人具有决策的权力，但这并不意味着展览是策展人的突发奇想；同时，虽然策展人带有很大的主观性，而实际上这种主观性是基于他的学识和对问题的研究，并不同程度地受到客观条件的制约。所以，博物馆举办什么展览，怎样举办展览，不是随意确立、任意实施的，而是应该根据观众的需求进行策展。这就需要开展观众调查，这是博物馆举办展览的依据，非常必要。

3. 学术研究是做好原创性展览的基础。

用二、三个月的时间筹办一个展览，是我国许多博物馆展览工作的常态，而在西方博物馆，策划一个展览通常需要二、三年，甚至更长的时间，其中一个非常重要的差异就是我们缺少研究，甚至没有研究。

博物馆举办展览是为了向观众传播知识和文化、观念和思想，所以，展览展示的内容及其表达的思想都必须建立在深入研究基础之上。学术研究是博物馆展览的学术基础，起到揭示和深化展览主题的重要作用；同时，学术研究也是博物馆展览的学术支撑，是制作各种辅助展品的学术依据。策展人员一方面要充分掌握与展览主题和内容有关的学术研究资料，另一方面要进行相关馆藏的深入研究，完成从藏品到展品的转变。在这一转变过程中，策展人员不但要研究藏品个体的各方面信息，更要揭示展品群体所蕴含的主题意义，从而提升展览的学术性和思想性。

4. 内容设计和形式设计的专业化要求。

按照博物馆展览工作的流程，策展人员在深入研究的基础上，依据学术研究资料和展品资料，编写展览文本，然后再由形式设计人员根据内容设计文本，结合展览空间，进行视觉形象的再度创作。（图21）

博物馆是公共文化服务机构，推出的展览是否吸引观众，不仅影响其在业内的地位，而且还会影响到博物馆在社会上的美誉度。所以，对于策展人员，除了要有理解学术资料和把握展品的能力，更重要的是要熟悉展览的传播规律及其表现形式，这样创作的展览文本对形式设计才具有操作性，才有可能打造成为吸引观众的精品展览。

展览的内容和主题意义都是要通过一定的形式来进行传播，只有通过完美的艺术形式，展览的内容才能得到准确的表达，展览的思想性才能得到生动的彰显。展览形式设计是一个再度创作的过程，即在对展览内容设计及展示空间充分研究的基础上，运用形象思维，对展品和相关材料进行取舍、补充、加工和组合，塑造出能够准确表达展览内容和生动彰显展览思想的展示形式。成功的形式设计不仅能够很好地传播策展人员想要表达的内容，而且还能增强展览的生动性、可看性，从而达到吸引观众、传播信息的目的。

5. 宣传推广是展览工作的重要环节。

原创性展览是展览活动的主体部分，但不是展览的全部。配合展览还需有一系列的宣传推广活动，这是扩大展览影响，确保展览取得成功的重要环节。宣传推广活动从馆内到馆外，涉及的内容可以非常广泛。从学术研讨到主题报告，从互动项目到衍生产品（图22），通过多方面的宣传推广，培育社会公众的博物馆情结，吸引更多的人走进博物馆，享受博物馆。

五、举办原创性展览的意义

1. 有利于馆藏资源的整合利用，充分发挥文化遗产的作用。

根据浙江省博物馆近年来的办展经验，我们认为要推出一个成功的原创性展览，必须经过精心策划，要以本馆馆藏资源为基础，以其他各种资源为补充，通过资源整合、主题提炼，倾力打造融科学性、艺术性、通俗性为一体的原创性展览。

我们知道，由于各种原因，几乎所有的博物馆都存在着收藏方面的局限性，只不过是程度不同而已。所以，为了策划展览，策展人员除了利用本馆的收藏之外，还会借用别的馆藏，甚至私家收藏，以确保展览质量。浙江省博物馆近年策划、举办的多个原创性展览，都向相关博物馆借用展品，有的展览还向民间收藏家借用展品，取得了很好的展览效果。

图 21 "惠世天工"展览设计方案论证会

图 22.1 "惠世天工——中国古代发明创造文物展"衍生产品（茶叶礼盒）
图 22.2 "惠世天工——中国古代发明创造文物展"衍生产品（青瓷葫芦瓶黄酒）
图 22.3 "惠世天工——中国古代发明创造文物展"衍生产品（铜镜杯垫）

从左到右：
图 23.1　"吴越胜览——唐宋之间的东南乐国"国际学术研讨会
图 23.2　"吴越胜览——唐宋之间的东南乐国"国际学术研讨会论文集
图 23.3　"吴越胜览——唐宋之间的东南乐国"展览图录

从左到右：
图 24.1　"明代浙派绘画"国际学术研讨会
图 24.2　"明代浙派绘画"国际学术研讨会论文集
图 24.3　"浙派集英——明代浙派绘画珍品特展"展览图录

2. 有利于推动学术研究，加强博物馆的业务建设。

原创性展览强调以学术研究为基础，这就要求策展人员具备较高的学识素养和学术精神。浙江省博物馆近年来以课题研究为切入点，陆续推出了"吴越胜览"（图23）、"浙派集英"（图24）等多个原创性展览。从一个学术研究课题到一个原创性展览和一本展览图录，从一个国际学术研讨会到一本学术论文集，一般用三年左右的时间。通过这种形式，推动了原创性展览的学术研究，提高了博物馆的业务水平。

3. 有利于提高展览水平，更好地发挥博物馆传播知识、传承文明的作用。

我们有时会碰到这样的情况：投入很大财力，花费很多精力，举办一个展览，结果观众的人数、观众的反应并不理想。其实出现这种情况，问题不是出在社会公众的观展热情，而是在于展览本身没有足够的吸引力。

博物馆是公共文化服务机构，举办各种展览是吸引社会公众走进博物馆的重要手段。如何延长观众在展厅

图 25 "守望千年——唐宋元书画珍品特展"现场

参观的时间,进而培育观众对博物馆的忠诚度,一直是博物馆人努力的方向,而办好原创性展览则是实现这一目标的有效途径。(图 25)

4.有利于发挥公共文化机构的作用,推动社会的发展和进步。

博物馆作为公共文化机构具有天然的公共属性。博物馆的责任对象是社会,其在社会的发展和进步方面扮演着愈来愈重要的角色:一方面,博物馆正在不断进行自身的变革,除了继续保持其收藏、研究、展示的性质,也正积极强化其教育推广的职能;另一方面,博物馆作为公共领域,开始跨越传统博物馆学的学科界限,逐渐具有面向社会的视野,更加积极地关注社会及其发展和进步,并利用博物馆这一平台,谋求自身的话语权。

博物馆具有观念产生和传播的空间和途径,更为重要的是为探讨以文化为核心的社会问题提供了一个相对客观的环境,而"原创性展览"正是这一环境中的重要载体,并以此进行知识传递、观念传播、批判阐释甚至理性辩论,以期对社会公众发挥影响力,进而推动社会的发展与进步。

长沙窑瓷的收藏与展示——展览的教育视角

李建毛　湖南省博物馆

一、长沙窑的时空坐标

长沙窑的空间坐标在长沙市郊外，原位于望城区铜官镇石渚湖区的瓦渣坪、蓝岸嘴、陈家坪、谭家坡等一带，故作为国家级文物保护单位定名为长沙铜官窑，后当地政府将其划归丁字镇，并将所在村名改为彩陶源村。长沙窑作为国内第一个彩瓷之窑，与彩陶之源有着云泥之别，铜官镇一直以陶瓷著名，划归丁字镇后，长沙窑的传承性被割裂。这种情况不仅出现在长沙窑，在其他地区也经常出现，许多地方政府因不善于保存文化传承，将一些富有文化底蕴的地名改掉，现在急需将一些古地名作为非物质文化保存下来。

古代瓷窑多因地而名，长沙窑位于石渚湖附近，当时称之为石渚窑，有唐代湖南诗人李群玉作品为证，他有首诗题为"石潴"（潴、渚相通），专门描绘长沙窑的烧造盛况，即：

图1　印尼"黑石号"沉船打捞的长沙窑瓷碗

古岸陶为器，高林尽一焚。
焰红湘浦口，烟浊洞庭云。
回野煤飞乱，遥空爆响闻。
地形穿凿势，恐到祝融坟。

李群玉所描绘的石渚窑在"黑石号"出水的一件瓷碗（图1）上得到证实，碗内以褐彩书"湖南道草市石渚盂子有明（名）樊家记"，短短14字包含诸多重要信息，湖南作为一级地方行政机构，除西汉长沙国以湖南地区为主体外，一直分为几个归属不同的州，唐代分别归为江南东道、江南西道，"安史之乱"后藩镇割据，为加强对湖南的控制，确保湖南地区粮食输往中原，唐广德二年（764）设湖南都团练守捉观察处置使，俗称湖南道，从此在中国行政区划史上开始"湖南"之名。这件碗是"湖南"作为一级地方行政机构的最早见证物。"草市"，就是现在农村地区的集市，是唐代中晚期商品经济发展出现的新的交易场所，江南尤多，故中宗景龙元年下敕重申"州县之所不得置市"，石渚兴起草市，说明当时陶瓷交易之盛。"石渚盂子"即石渚窑所生产的盂子（即碗），而且樊家所制较为有名，这种广告语书于产品，可见作坊之间竞争之激烈。

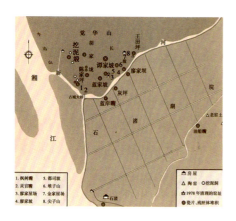

图2 长沙窑遗址分布图

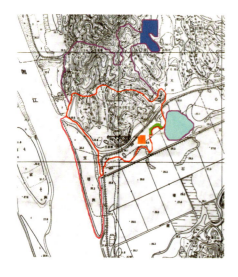

图3 长沙窑保护区分布图
图例：紫线——保护范围、红线——重点保护区、蓝色块——墓葬区、湖蓝色块——居住区、草绿色块——市场区、橘色块——货藏区

长沙窑所在地就是原来的铜官。长沙窑从唐代开始烧造瓷器一直延续到清代，包括解放以后，这里还是一个很大的制陶瓷基地，在改革开放前期，铜官镇上制作陶瓷的从业人员达到二十多万，改革开放之后，许多国营的瓷厂都关闭了，很多人到广东去打工，整个铜官镇很空了，有时候去镇上走都看不到什么人，慢慢地就衰落了。现在铜官以陶瓷为支柱产业力图振兴。这里从唐代就开始烧制瓷器，一直延续到现在，是有传承的。（图2）（图3）

长沙窑兴衰的时间，我们可从长沙窑纪年铭款的器物或是制瓷工具列表上看出一些。从表中可见，最早纪年的长沙窑瓷或工具是9世纪初，即公元801年，最晚的是到五代的天成四年，即公元929年。从它的纪年来看，长沙窑的存在时间大概是一个多世纪，可分为三期：早期为8、9世纪之交至公元820年之前，主要采用刻画纪年，即用锥子、竹刀等在未干透的胎体上刻划文字，说明彩绘尚未普及。中期大约自公元820年—872年左右，纪年款非常密集，几乎每年都有，且大都用毛笔蘸彩书写，说明这是长沙窑鼎盛时期，彩绘大量普及。后期为公元900—927年左右，这时期产量急剧减少，纪年方式又变为刻画文字，说明长沙窑走向衰落了。要提到的是，从纪年款看公元872—909年之间长沙窑存在30多年的大断层，这是待解开的一个谜题。

长沙窑兴起的时间，学界多认为在安史之乱之后，从纪年款表上可知更为滞后。固然，公元755—763年安史之乱，是长沙窑兴起的契机。北方人口大量南迁，包括北方的窑工南迁，正是南北窑工结合，技艺的融合，形成独具特色的长沙窑制瓷工艺的重要时刻，但是窑工的聚集、风格的形成需要一个过程。

这点可从杜甫的诗中看出，杜甫也是迁徙大军中的一员。杜甫在他过世的前一年，也就是公元770年，多次往来于成都与长沙之间，有一次他经岳阳坐船到长沙，过铜官时出现大风，于是就在铜官避风。当时他所见的景色是，"水耕先浸草，春火更烧山"，描绘了当时刀耕火种的农业生产。他所看到的景象与李群玉在《石潴》中所描述的完全不同，恰恰证明杜甫经过时长沙窑尚未兴起。

公元872—909年间出现的断层，其原因与当时湖南政局激烈动荡有关。这时农民起义纷纷爆发，特别是黄巢起义占领广州后，因水土不服，挥师北上，经过湖南时摧毁当地政权，从此湖南无休止陷于纷争之中。长沙窑位于长沙通往外界的咽喉之处，战争频繁，窑场不可能维持正常的生产。直到公元900年左右，马殷占有湖南，公元907年，梁太祖朱温封马殷为楚王，定都潭州（今长沙），也就是五代十国中的楚国，湖南才相对安定下来，长沙窑也开始慢慢恢复，但经历恢复后的长沙窑不再是原来的面貌，彩瓷变少，质量很差，所以在最后的几年又变成了刻画字而非彩瓷书写，也不见有公元929年之后纪年款，长沙窑实际上已走向衰落。这是整个长沙窑发展的时间线索。

长沙窑纪年款：

"贞元十七年（801）囗月廿一日囗囗毛相奉"碾轮

"元和三年（808）正月卅日造此印子田工（？）窑记"罐耳印模

"元和四年（809）"罐耳印模

"元和五年（810）"青瓷碾槽

石家庄元和七年（812）墓出模印贴花壶

"元和十六载（821），长庆一千年"诗文壶

"癸卯（？）长庆"（823？）壶

黑石号"宝历二年（826）七月十六日"青瓷碗

"大和五年（831）十二月二日造"罐耳印模

"开成三年（838）九月二十二日……"碗

"开成三年（838）北宗周记"印模

"会昌六年 赵家"印模（846）

"大中元（847）"壶

"大中二年（848）囗月八日田……"罐耳印模

"大中三年（849）十二月 郭家"擂具

"大中五年（851）"模具

""大中八年（854）六月十五日囗庆记""罐耳印模

"大中九年（855）正月二十八日书记"釉下彩绘白鹭壶

"大中十年（856）拾日叁造鼓价"

"记咸通十囗囗正月（869-874）"铭文器座

"咸通十三年（872）四月十二日"素胎瓶

"开平三年（909）六月廿八日开造，夏月二女使用"枕

"贞明六年（920）六月七日客何笔"枕

"天成三年（928）北宗周记）印模

"天成四年（929）五月五日造也"碾槽

二、长沙窑瓷的风格与文化元素

长沙窑特点主要有三个方面：南北工艺的融合、与西亚文化的结合以及首次将书画应用于瓷器。

1. 融合南北工艺

首先，南方是青瓷的发源地，而白瓷起源于北方，到唐代后期，北方的白瓷往南传，长沙窑也在这个时期出现了白釉瓷器。第二是模印贴花。贴花是北方的一种制瓷工艺，最早见于北朝，其方法是用一个瓷模子进行阴刻成各种纹饰，再用瓷泥填入印模，然后把形成花纹的泥片取出，贴在要装饰的瓷器上。这种装饰手法在唐三彩中大量地出现。再有就是化妆土，这种手法主要见于北方。白瓷的制作过程中，有的是用青瓷灰胎，为了把胎变得白一点，就在上面刷一层白色的化妆土。受北方工艺的影响，长沙窑普遍使用化妆土。有无化妆土也成为鉴别真仿长沙窑的一种依据。另外就是釉上彩的工艺。南方注重釉下彩工艺，釉上彩特别是多彩的釉上彩工艺是从北方传来的。北方瓷业的影响也表现在一些器型上，如瓷枕和玩具等。

之所以很多北方的制瓷工艺传到南方，主要还是和安史之乱有关。安史之乱以后，北方人大量南迁，是中国古代人口的又一次大迁移。这在唐代的诗歌中就有很多的反映。比如，张籍在《永嘉行》中写道："北人避胡多在南，南人至今能晋语。"还有韦庄的《湘中作》当中也写道："楚地不知秦地乱，南人空怪北人多。"这说的是当时湖南来了很多北方人，南方人有种本能的排外情绪。另有史料记载当时"中原衣冠多投荆湘"，就是指陕西、山西、河南、河北一带有身份的人，多往湖南或者湖北逃难。

图4 洗耳印模

图5 窑址出土的邢窑瓷片

图6 太原市博物馆藏邢窑瓷壶

图7 长沙窑舞蹈人物壶

  北方制瓷工艺对长沙窑的影响,在长沙窑还可找到一些直接证据,如在一件洗耳印模(图4)上,刻有"开成三年 北宗周记",说明周姓窑工是从北方迁移而来,用北周是为与南方原有周姓相区别。

  还有一个很有意思的地方,在1983年发掘及2011年对窑址的全面调查中都曾出土过邢窑的瓷器残片(图5),应该是北方窑工带来作为参照的粉本,长沙窑底足特别是玉璧底的修足方法与邢窑如出一辙,就可看出二者之间的关系。山西太原出土的邢窑瓷壶(图6),流及两侧各有一印花,两侧分别是奏箜篌、吹竖笛,中间一人手持法杵跳着胡旋舞,胡旋舞是西域传入的一种舞蹈,唐代许多诗人作了生动描绘,安禄山也是以擅长胡旋舞取悦于杨贵妃的。这件壶的印花图案与长沙市文物考古研究所1999年发掘出土的一件模印贴花壶几乎相同,衡阳水井出土舞蹈人物壶(图7)也有近似图案。

  长沙窑的釉上彩瓷工艺(图8),往往是将白釉、褐釉、绿釉等多种色釉施在同一器物上,在烧制过程中,几种釉料溶融、相互流淌、浸润,形成各种意想不到的图案,有的甚至出现窑变,其手法与唐三彩相似,或者说是瓷器上的"唐三彩"。

  长沙窑也吸取了许多南方窑特别是岳州窑及其前身湘阴窑的技艺,比如釉下彩技法、龙窑烧制、岳州窑的匣钵装烧法等。长沙窑还传承了许多岳州窑的特有器型。1983年发掘的谭家坡龙窑(图9),长达41米,依山而建,利用地势提高火的抽力,加上从投柴口加柴提升温度,具有省燃料、装烧量大、便于还原等优点,其结构与筑窑方式与岳州窑基本相同。

  还有就是南方的釉下彩。釉下彩是南方青瓷的传统装饰手法之一,在岳州窑及其前身的湘阴窑(图10)已经常出现,在继承这一技法的基础上,将其发挥到极致,由单彩变为多彩,并将书画艺术植入瓷器。

图 8　长沙窑彩釉碗、杯

图 9　谭家坡龙窑　　　　　图 10　吴晋湘阴窑釉下点彩罐

2. 与西域文化的结合

我们看长沙窑蕴含许多西域文化元素，包括造型、装饰手法、装饰纹样等，这些文化元素的植入，有的可能是西域商人提供粉本，有的可能是西亚商人直接参与的某些流程的制作，如扬州出土的阿拉伯文背壶（图11），其上的阿拉伯文笔法流畅、线条优美，应该只有习这种文字者才能书写出来。中晚唐来往于洞庭湖区及长沙的西域胡人数量已是不少，他们既为长沙窑的外销起了牵线搭桥的作用，也直接将西域文化植入到长沙窑瓷器上。西域商人到过长沙窑的一个直接证据，便是窑址管理处一个工作人员在窑址河道采集的一块波斯陶残片（图12），胎质粗糙、疏松，含颗粒较粗的白沙，施低温孔雀绿釉，饰刻划花纹。波斯陶在扬州等地多有发现，但有刻划花纹的并不多见。

1987年在湖南省常德市南坪乡七里桥出土一件唐代玻璃碗（图13），据马文宽先生研究，这是从伊斯兰地区进口的贴花玻璃，圆腹下收，平底假圈足。口沿贴有黄玻璃条（似两层），足部亦贴有黄色玻璃条。腹部有蓝色贴料联弧纹一圈，经滚压后而成为连弧纹贴花。他认为唐中晚期长沙及洞庭湖地区是伊斯兰商人活动的重要地区。

再有就是湖南益阳赫山区农机局唐墓里出土的7件长沙窑瓷器，有趣的是其中6件为白釉及白釉绿彩瓷（图14）。在伊斯兰文化中，白釉绿（蓝）彩的陶器既是人们常用品，也是一种文化符号。这些白釉及白釉绿彩瓷规格尺寸都比通常要大，其中一个白瓷碗，直径有25公分。这种超规格的瓷器在黑石号出水很多，因此墓主人可能为伊斯兰教徒。白釉绿彩瓷器可说是白釉绿（蓝）彩陶器的升级版。

元青花的起源，学界有多种高论，我认为也与伊斯兰白釉绿（蓝）彩陶器在中国的发展有关系。但首先

图11 阿拉伯文背壶

图12 长沙窑址河道采集的波斯陶片

图13 湖南常德出土唐代玻璃碗

图14 益阳赫山区出土白釉绿彩唾壶

图15 "胡家美酒"瓷碗残片

它不是用于出口，而是为满足在华伊斯兰教徒的需求。唐代以后来华经商贸易的伊斯兰教徒日趋增多，成吉思汗及其继任者三次西征，向中土迁移大量伊斯兰教徒，《明史·西域传》载："元时回回遍天下"，大都、上都、杭州、庆元（宁波）、西安、泉州等地都是伊斯兰教徒聚集较多的城市。他们在城市中有自己居住区域、墓葬区和教堂，伊本·白图泰在游记中写道，"中国各城市都有专供穆斯林居住的地区，区内有供举行聚礼等用的清真大寺。"形成了相对封闭的小社会，脱离西亚文化母体的伊斯兰教徒必然会寻找自己新的文化载体，白釉绿（蓝）彩陶器是他们的一种精神寄托，在中国的替代物必然是一种瓷器，运用钴料将白釉绿（蓝）彩嫁接在高温的瓷器上必然会烧制出一种白釉蓝彩的新品种——青花瓷。为满足他们文化需求的青花瓷后来大量出口，则是附带效益。

从"胡家美酒"瓷碗残片（图15）可以看出，胡人在湖南地区也开有酒家，"胡家美酒"即是文献中的"酒家胡"，王绩《过酒家》："来时常道贳，惭愧酒家胡"。沽酒的美女服务员称为胡姬，唐诗中常有提及。晚唐袁郊著的传奇小说《甘泽谣》载，韦驹之弟舟行溺于洞庭，"驹水滨恸哭，移ુ湖神庙下，欲焚其庙，曰：千金贾胡安稳获济，我弟劳悴乃罹此殃，焉用尔庙为"。从中也可见胡商经常出入洞庭湖区。

长沙窑瓷上蕴含的西域文化元素，首先便是受金银器的影响，不少器物的造型仿萨珊波斯金银器的式样，波斯银器上往往还捶打成各种装饰纹样，并在纹样上鎏金，使其更为醒目，上海博物馆曾与陕西省文物局联合举办过周秦汉唐文物精品特展，其中一件何家村出土的衔杯舞马鎏金银壶便是如此，银壶上的舞马鎏金，显得非常富丽。受其影响，长沙窑模印贴花纹样往往涂成褐斑，以彰显装饰图案。

在纹饰上，长沙窑瓷器也表现了很多西亚元素，除了上文提到的胡旋舞，还有椰枣。椰枣在西亚是很常见的生命之树，可以作为粮食吃，也可以做酒等。乌兹别克阿夫拉西阿卜古城壁画线图（图16），描绘的是当时人们拉着椰枣庆祝丰收的场面。在长沙窑的瓷器中，也有很多类似的纹饰。这种树在唐代引进来，长沙窑瓷模印贴花装饰中有相当部分是椰枣纹（图17）。

图 16　乌兹别克阿夫拉西阿卜古城壁画线图　　　　图 17.1　模印贴花椰枣纹执壶　　图 17.2　椰枣树

扬州市博物馆藏联珠纹瓷罐（图18）被定为国宝。上面用连珠纹汇成的图案，并不是用毛笔把线条画出来，而是用的一个一个的珠点汇成的线条，这种装饰手法是西亚很常见的一个手法，特别是在他们的壁毯、挂毯上非常易见。

以上我们可以看到，长沙窑反映出了浓郁的西域文化，它的文化元素是很复杂的。

3. 以书画饰瓷

以书画饰瓷是我觉得长沙窑最了不起的地方。中国古代有很多职业是上流社会看不起的，传统说法人生有三大苦事：打柴、烧窑、磨豆腐。烧制瓷器为其中一件，属典型的脏活、累活。而吟诗作画则是最文人的事，是上层雅士的专属活，制瓷与书画本风马牛不相及，但在长沙窑瓷上偏偏得到了结合，这是一种罕见的文化现象。要讲中国传统的手工艺，丝织、瓷业、制茶都算是中国特色，而最具中国艺术特色的，肯定会说以毛笔勾画出来的线条，形成东方独有的文字和绘画，这两个最具中国特色的东西在长沙窑瓷器上得到结合，改变了瓷器的命运。瓷器因有书画而高雅，而书画在瓷器中找到新的载体。为瓷器开辟了新的装饰之路，越到后来，这种结合越紧密，比如到清代的珐琅彩，还会得到皇帝亲自题撰。

长沙窑瓷器的绘画题材非常广，有动物（图19）、花鸟（图20）、人物、山水、云气、建筑等各类题材。

长沙窑的飞鸟纹非常丰富而且画得很到位，非常生动。中国古代的花鸟画在唐代成熟，这是从文人画中看出来的。从这些画里可以看出民间的花鸟画也很成熟，那么是文人向民间学习还是反过来呢？这是值得深思的。唐代因印刷术尚未改良、普及，那些有名的宫廷画家、文人画家，他们的作品不是一般平民所能得见，相反平民画师（如长沙窑画师）的作品，他们却能随意见到，因此，很大程度上当是文人从平民画师那里汲取营养。从艺术来源于生活这个道理说，也是平民画师更接近生活。

长沙窑的绘画，多为褐绿彩，一个绿彩还原后出现红彩，一般先以硬笔蘸褐彩勾勒轮廓，线条纤细，再以毛笔蘸绿彩渲染。表现山石等时也以蓝彩填成大块色斑，形成褐绿蓝三彩。如狮纹壶上（图21）所绘的狮纹，它没有用绿彩来渲染，应是一个还未完成的作品，相当于素描。

荷莲婴戏纹执壶（图22）是目前发现最早的瓷器上的婴戏图。唐代的求子习俗就是在农历七月初七，女子之间赠送小男孩背着莲花的画，表达对求子的祝福。这种习俗我们也可以在敦煌壁画里找到一些渊源。

垂钓图执壶（图23）上的垂钓图已有文人画意境，一老翁独踞乌蓬船头，一手持竿、一手执桨，船后波浪翻卷，是"孤舟蓑笠翁，独钓寒江雪"的形象写照。长沙窑也大量出现莲花图案（图24），形态各异，或蜜蜂、蝴蝶飞舞其间。

图 18 长沙窑联珠纹瓷罐

图 19 长沙窑瓷上的凤、龙

图 20 长沙窑瓷上的各种鸟纹

图 21 狮纹壶　　图 22 荷莲婴戏纹执壶　　图 23 垂钓图执壶

图 24　长沙窑瓷上的莲花纹

图 25　长沙窑瓷上的山水画

中国的山水画在唐代还不成熟，长沙窑瓷上的山水画也如此，远近的关系处理并不好，森林仅以几颗树示意（图25）。有一件长沙窑瓷上绘山峦重叠，"一行白鹭上青天"。奇特的是，肩部饰有一圈金属乳钉纹，这种工艺在长沙窑仅见。

长沙窑还出现了大量用诗歌、警句来装饰瓷器，目前已经发现不同种类的诗歌达一百二十多首。很多件瓷器上写的是同一首诗，但笔迹不同，还有个别字的不同，出现这种情况原因当是印刷术尚不发达，诗人的作品主要通过抄写传播，长沙窑场中各作坊的书手有各自不同的抄本，诗在辗转传抄中出现差错。同时，书手原本是读书习文的人，在唐朝这一诗的时代中，多少会背诵一些诗，特别是一些习字诗，记忆的差错，也会导致同一首诗在不同书手的笔下出现异字。诗的内容很广，有关于爱情的，贺主人迁新居的，有叙离别之苦的，有习字的，有经商之道的，有征战的等。书体也很有意思，有草书、行书、隶书、楷书等体，由于是书手在瓷上自由书写，而没有严格遵循书体法度，却有一种野趣，透出民间的书法之美。

  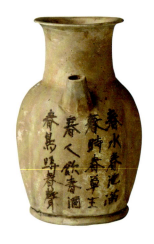

图 26　长沙窑诗文壶　　　　　图 27　长沙窑诗文壶　　　　　图 28　长沙窑诗文壶

 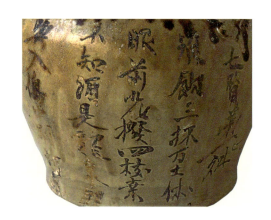

图 28　长沙窑警句题文壶　　　图 29　竹林七贤诗画罐

我们馆藏一件执壶（图26）上题写"故岁迎乃岁，新天接旧天。元和十六载，长庆一千年。"通过这首诗，这件执壶成为长沙窑的断代标准器，历史上记载元和共计十五年，十六年改年号长庆，说明这件壶制作于宪宗崩、穆宗继位的长庆元年（821），诗中饱含对新历的唱诵祝愿。而另一件执壶（图27）上则书一道老少忘年恋的情诗——"君生我未生，我生君已老；君恨我生迟，我恨君生早。"这首读起来爽口却类似打油诗，是饭店酒馆最容易引起人们关注的谈资话题，也算是瓷器的一个卖点。《敦煌遗书》中有首相同格式的偈语："身生智未生，智生身已老，身恨智生迟，智恨身生早"，讲的是人的智力发育和身体发育的不同步。谁影响谁有待考证。

还有一件（图28）则书写"春水春池满，春时春草生。春人饮春酒，春鸟弄春色。"春酒即是冬天用粮食酿造，春天饮用的酒，《诗经》就有"为此春酒，以介眉寿"。酒诗题于壶上就表明了瓷器的功能——酒壶，这还可以从一些壶上题有"美春酒""陈家美春酒"等文字可以看出，同样这种形制的壶，还有另一种功能，即是作茶壶使用，从壶上"镇国茶瓶""陈家茶店""张家茶坊三文一平（瓶）"可证实。这些诗可佐证器物是唐代兴起的酒肆中订制的酒具。由此引来一个问题：长沙窑瓷器的品类很多，但有书法、绘画装饰的瓷器绝大多数在茶、酒具上，尤以酒壶、茶壶尤多。为什么会出现这种现象呢，酒和茶是公共场合中人们交往所需要的一种媒介，特别是唐代后期兴起了大量的酒肆、茶店，题诗、画于壶，无疑起到助酒兴、增茶趣的作用，也是人们酒桌茶会的谈资话题。到宋代，茶酒文化发生变化，人们不再关注茶、酒具上的诗画，更专注于酒、茶本身，由此兴起"斗茶"现象。宋代诗画饰瓷的主要载体转到枕上。长沙窑只有少数瓷枕上题诗作画，诗是作为少女对心仪情人——萧郎的情感寄托。宋金元后瓷枕成为书画的主要载体，出现大量的婴戏图、英雄人物或戏曲故事画，诗词内容多人生哲理、生存法则等，瓷枕成为求子习俗，以及育子家教的题材。

长沙窑题文的另一类内容便是警句，讲述人间世态炎凉、人情冷暖以及人生哲理、生存法则等。许多警句源于古训，在民间流传已久，"垂钓之鱼，悔不忍饿"，提醒人不要贪小失大，类似句子还有"落网之鸟，悔不高飞"。"富从升合起，贫因不算来"（图28），告知人们富贵是从点点滴滴积累起来，不知积少成多就会沦落贫困，然后告诉你这个瓷器只售"五文"钱，叫您别去买那些贵的，既告诉人怎么持家，又为瓷器做了广告。"人（仁）义只从贫处断"是反映人生的冷暖常用语，这是司马迁"仓廪食而知礼节"的另一种表达，人的道德、精神文明是建立在一定的物质文明基础上的。长沙窑瓷类似语还有："有钱冰亦热，无钱火亦寒"等。

长沙窑瓷上唯一一件诗与画结合的作品是长沙市博物馆收藏的竹林七贤诗画罐（图29），一面是人物画，另一面是一首诗"七贤弟（第）一组：须饮三杯万士休，眼前花拨（发）四枝，不知酒是龙泉剑，喫入伤（肠）中别何愁"，诗中有几处错别字。从题文可知这种罐不只这一件，应该还有两组或三组。通过诗、画可知此罐为装酒之用，即酒瓮。在唐代诗歌里，可以看到酒仙们启封一坛新酒是件多么惬意的事。

目前所发现的一百二十多首长沙窑瓷的诗中，仅二十多首收录到《全唐诗》及《诗补》，大概后人在编全唐诗时有自己的选择标准，有的可能已经遗失。这次发现如此多的新诗，再现了唐代诗的社会。

从上到下：
图30　南京出土吴至晋初釉下彩绘瓷
图31　北朝范粹墓出土白釉绿彩长颈瓶
图32　越窑青瓷碗
图33　邢窑白瓷碗
图34　长沙窑彩瓷碗

三、长沙窑的历史地位

首先，它是釉彩的集大成。南方的釉下彩、北方的釉上彩两者兼具，又将原来的单彩演绎成多彩，再把书法和绘画结合在一起，使彩成为有生命力的文化符号。要对釉下彩溯源的话，可以追溯到东吴和西晋早期，南京吴晋时期墓葬、遗址中出土过一批釉下彩绘瓷（图30），这些瓷上所绘都是神仙瑞草，更用于祭祀或随葬，晋以后无传。但釉下点彩装饰手法一直在南方各青瓷窑中得到传承。釉上彩瓷最早见于北朝范粹墓出土的白釉绿彩四系罐和长颈瓶（图31），烧成温度不高，属陶器范畴，可以说明西亚白釉绿彩陶最早的中国版。长沙窑将南北釉上、釉下彩融一炉，成为彩的集大成，并首创铜红釉彩，将传统认为铜红釉起源于北宋末年的钧窑，往前推了几百年。

其次，长沙窑以彩瓷之窑的风貌呈现在世人面前，改变了当时的制瓷格局，打破了"南青北白"的对势局面（以越窑为代表的南方青瓷（图32）和以邢窑为代表的北方白瓷（图33）），初具青、白、彩三足鼎立之势（图34）。为了进一步说明长沙窑的历史地位，可以梳理一下中国陶瓷发展的基本格局：东汉到南北朝基本上属于青瓷时代；隋朝到中唐属于青瓷和白瓷并重的格局，即南青北白；晚唐至宋金是青瓷、白瓷、彩瓷三足鼎立；元明清是彩瓷的时代。

长沙窑的历史地位还体现在外销上。中国古代有条很重要的对外交流之通道，也就是举世闻名的丝绸之路。在唐代以后，出现了另外一条对外交流的通道，有人称之为海上丝绸之路，我觉得叫陶瓷之路更合适一些。用日本陶瓷家的话说：古代中西方的文明交流是写在陶瓷史上的。这条路的开辟，长沙窑功不可没。唐代瓷

图35　印尼海域上打捞的长沙窑瓷器

图36　长沙窑爱好者王岳绘长沙窑纹样

器外销的三驾马车——越窑、邢窑、长沙窑，其中领跑者是长沙窑，因为当时无论越窑还是邢窑，都是针对国内需求生产的，只有长沙窑是按照国外的需求来生产的，按照国外喜欢的纹饰和器型来订制。国外同时期出土的中国瓷器中，长沙窑的比重也是最大。最有说服力的证据自然是之前提到的在印尼海域上打捞的"黑石号"沉船，共出水6万多件文物，也包括邢窑、越窑等瓷器产品，其中5万7千多件是长沙窑瓷器（图35）。

最后，简单介绍一下长沙窑的展览。因工作关系，本人做了多个长沙窑的展览，值得一提的是，我们曾配合遗址保护策划过窑址展，我们将整个遗址视作当时的一个大工厂，而要展示的谭家坡龙窑及其作坊则是其中的一个车间，从这一车间，着重向观众展示长沙窑瓷的生产流程，特别是长沙窑区别于其他窑的特殊工艺，而遗址附近的博物馆可视为工厂的成品展示间以及核心技术和新产品展示地，向观众展示长沙窑的代表作品，包括长沙窑独创的器型，特殊的装饰纹样。我还想做的一个展览就是"诗情画意——来自大唐长沙窑瓷上的书画真迹"，向观众展示长沙窑书法、绘画瓷器原件的同时，利用摄影技术、电脑还原将瓷器曲面上的书画纹样，变成一幅幅平面的书画小品（图36），供观众欣赏。

湖南省博物馆于2009年正式启动第二期改扩建工程（图37）。改扩建后的湖南省博物馆，规模将达8.4万平方米，藏品保护、陈列展览和观众服务条件得到根本性改善，年观众接待量将成倍增长，成为具有国际影响力的现代化博物馆。欢迎大家来湖南省博物馆新馆参观。

图37　湖南省博物馆新馆效果图

"一院六馆" 全新出发

龚良　南京博物院

图1　改扩建后的南京博物院以崭新的面貌面向公众

一、从国际博物馆日说起

5月18日是国际博物馆日，国家文物局和江苏省人民政府把2014年主会场放在南京博物院。南博在"5·18"期间举办了系列活动，包括专题展览、专题活动、专题讲座等，特别是创意临展及"一院六馆"基本陈列，希望传递给观众和业界一个全新的博物馆理念。（图1）

2014年博物馆日的主题是"博物馆藏品架起沟通的桥梁"。主会场开幕活动一开始，我们即请三位代表人物讲述他们对博物馆的理解。第一位是南京大学教授、茅盾文学奖获得者毕飞宇（图2）。毕老师讲述了自己进博物馆的理由及进博物馆后的感受。他说自己常带朋友到南京博物院，第一是为江苏自豪，第二是可以得到休闲和休息，第三是在浮躁的时代找到文化的归属感。他说，"我要用我的行动告诉他们，这就是我生活的环境，这就是我所拥有的文化氛围"。第二位邀请的是演员海清，她因为正在外景地拍剧，所以给我们寄来了视频，——她其实就住在与南京博物院一墙之隔的半山园，她说南博在她成长过程中，给了她很多的滋养。第三位是一位小学生，她表达了对新南博的喜爱，希望今后博物馆能给她带来更多惊喜。

主会场开幕式同时举行了"全国十大精品陈列"颁奖仪式（图3）和"2014年全国最具创新的博物馆"颁奖仪式（图4）。隆重的活动启动仪式掀起了现场的高潮，主席台领导共同擎起了刻有"沟通"二字的印章，将

图2　毕飞宇先生在开幕式前演讲

图3　2013年度全国博物馆十大陈列展览精品颁奖仪式

图4　2014年全国最具创新力博物馆颁奖仪式

图5　主席台领导将刻有"沟通"二字的印章印在礼仪台上

图6　"藏品架起沟通的桥梁"展厅中央的大型"文物库房"

图7　展厅四角的场景化展示

它印在礼仪台上（图5），象征着中国的博物馆将更好地履行"架起沟通桥梁"的使命。

　　怎样通过博物馆的藏品在公众和博物馆之间架起一条沟通的桥梁？让今天的公众去博物馆看到的不仅是藏品，而是由藏品组成的人们过去为之自豪的生活。围绕"5·18"纪念活动，南京博物院做了一个主题展——"藏品架起沟通的桥梁"。我们在展厅正中间做了一个装置，希望通过这个装置让人们感受到博物馆的库房（图6）。夸张的超常规的柜架，同一类别的文物密集地摆放在柜架的外侧面，内侧十字形通道则重复堆砌我们南迁文物的箱子。此刻，这些箱子也成了文物的组成部分，也是一个载体，它承载着故宫文物南迁、西迁的历史，承载着中华民族不屈的文化抗战精神。这种将整体装置引入展览的方式是一个探索与尝试，我们想传达：博物馆的

图8 "芳菲流年——中国百年旗袍展"艺术馆展厅

图9 "芳菲流年——中国百年旗袍展"民国馆实景展示

图10 旗袍秀

图11 "在此——中国古代生活艺术展"展区

藏品原来是可以这样展示的,不去解释个体文物的信息,而是通过重复堆砌,形成一个整体装置给人带来强烈的冲击力。在展厅四角(图7),我们还按照不同的藏品功能,通过多种场景化的文物组合,让人们感受博物馆藏品中所蕴含的关于生活、艺术、传统、交流以及过去生活方式的丰富内涵。主要想表达的是,以藏品为中心的文物库房,可以演绎出不同的社会状态,并让公众在展厅中得到认识和理解。

另一个临展是"芳菲流年——中国百年旗袍展"。南京曾是民国首都,南京博物院的"民国馆"旨在呈现民国生活氛围,除了在艺术馆设专厅展示旗袍(图8),我们还将旗袍展放在"民国馆"(图9),情景交融,确实起到了很好的社会反响。该展览由南京博物院与中国丝绸博物馆联合主办,展出来自丝绸博物馆的91件旗袍,为观众讲述百年来旗袍文化与款式的流传变化。配合展览还举办了旗袍秀(图10),即旗袍的专场演出与现场秀,开发了文创产品,举办了盘扣制作等活动,力求展现古典与现代、传承与创新的完美结合。办旗袍专场演出这个想法是从哪里来的呢?三年前我到中国丝绸博物馆看了他们一年一度的时尚展,最后得出一个结论:博物馆是传统的,博物馆也应该是时尚的。这几年大家在争论博物馆到底是为谁服务,以前博物馆的工作目标第一是为了收藏,第二是为了研究,第三是为了展览;但这几年人们把博物馆的第一功能放在服务社会发展和社会公众上。要服务发展就必须考虑经济社会发展的阶段性,要服务公众就要弄清公众的喜好。所以,博物馆只要是展示文明、传统、过去的生活并且服务于公众,不管用什么手段都是好的。

此外,我们还做了一个用现代眼光观照传统生活方式的展览,名字叫做"在此——中国古代生活艺术展"(图11)。展览通过对空间气氛的营造,让观众体会传统文化是如何融入当代生活的。形式是当代生活艺术,但讲的是传统生活方式,计九种:琴、棋、书、画、诗、酒、花、香、茶。这九种生活艺术,其共通点在于呈

图12　南京市盲校的同学在博爱馆触摸文物复制品

图13　观众在文物库房观看文保人员修复文物

图14　"它从哪里来"社教活动

现了人和人之间的交往，在于体现了社会发展和和谐生活对沟通与交往的渴求。我们经常忆及，小时候住的街区里，孩子们东家跑到西家，都觉得邻居家的饭好吃，这体现了同一生活群体之间的互相照应与温暖。而今天小区公寓楼常常不认识住在对门的人，因为居住在一个小区里的人们之间已经没有了交流，没有了相互交流的空间，这是非常严重的问题。传统的美好的生活方式一定是要有交流的。如有人抚琴有人听琴，是谓知音；棋肯定也不是一个人下的，两个老友下上一局，其乐融融；酒亦如是，朋友小酌海阔天空，试问人生几何。绘画、书法、诗歌也不例外。现在闻香成了一项高雅的聚会活动，是传统生活的延续，但或许有些变异。品茶更是无处不在，高贵者谓之茶道，普通民众可以去茶馆，茶馆也有高、中、下之分，好的茶馆可以听评弹昆曲，因此往往会有戏台，无戏台者可以互相讲听，你讲张家长，我听李家短，这也是一种交往的方式。

"助残日"是每年5月的第二个星期天，而2014年的"5·18国际博物馆日"恰逢"助残日"，南京博物院助残主题馆"博爱馆"也在这一天正式开放，给视障人士提供了一些方便，提供语音解读、手感触摸（图12）、助残车等个性化服务，设施先进、创意独特，是国内唯一向特殊人群提供无障碍服务的博物馆数字体验区。

我们还举办了一个"博物馆建筑的可持续化发展——以南京博物院二期工程为例"主题沙龙，议题包括博物馆建筑的文化性、南京博物院改扩建回顾、博物馆展陈设计要点、博物馆建筑批判、博物馆前期筹建注意事项、博物馆建筑的评价、博物馆的人文关怀等，陈泰宁、齐康院士等一批建筑师与相关博物馆馆长参加了这个活动。我理解的博物馆建筑的可持续发展，在内外空间上一定要有自己的个性，内部空间要反映博物馆展览的文化空间，外部空间要反映地域文明或博物馆的特色。比如1996年开馆的上海博物馆新馆就完全是地域文化的反映，它同时融合了传统文化和海派风格，传统文化体现在建筑上运用了天圆地方的概念和圆鼎的造型；而符合上海的地方文化就是符合海派文化的，即在传统符号里面做最现代化的设计。南京博物院在1949年之前是国民政府的中央博物院，它的外部空间首先反映的是中国传统文化，所以把老大殿作为中轴线。但在今天的发展中，南京博物院又是江苏的省博物院，是中央和地方共建的国家级博物馆，这样我们就还要再做一组反映地方文明的现代建筑。这是一个传统与现代紧密结合的建筑，在南京博物院既能看到现代建筑样式，也很容易看到传统

图15　金兽／西汉　　　　　　图16　错银牛灯／东汉　　　　　图17　金蝉玉叶饰片／明

符号，这些符号大都能在我们江南的传统文化里面找到痕迹。

2014年"5·18"期间，南京博物院做了个大胆的尝试，就是把库房首次对公众开放。在保证文物安全的前提下，通过网上预约产生100位观众代表，在工作人员的带领下分批进入文物库房。观众参观了文物扫描室、消毒室、摄影室、修复室以及金属库、书画库（图13），了解库房工作的相关概况、工作流程、环境系统、管理系统等，切实了解南博文物的保管状况。此项活动社会反响非常强烈。

我们还策划了名为"它从哪里来"的青少年教育活动（图14）。组织青少年儿童，比照我们现在使用的器物，如酒杯、电灯等，到博物馆展厅找寻这些器物古代的实体，从而体会藏品作为沟通的桥梁，在联结过去与现在生活中发挥的重要作用，以及不同时代的文化审美在生活器物上的体现。

图18　透雕人鸟兽玉饰件／新石器时代

二、事业发展与博物馆差异化要求

近年来中国博物馆事业呈现蓬勃发展态势。5月18日国家文物局局长励小捷公布，截至2013年年底，中国博物馆登记的数量已超过4600座。按照每年统计，最近三年平均每天就有一座以上的新博物馆产生。这样一个蓬勃发展的态势一方面可以说很好，另一方面也有人质疑，现阶段中国该不该有这么多博物馆？博物馆的发展一定要考虑阶段性和差异化的要求。什么叫做阶段性？就是博物馆的发展要与地区社会经济发展阶段相适应。按照全球博物馆发展规律，在小康社会向现代化过渡的时候，应该平均每20万人有一个博物馆，这是契合实际和需要的。以江苏为例，在2012年明确了全省以县为单位达到了高标准的小康社会，目标到2020年实现基本现代化，而全国的目标是到2020年实现小康。另外经过国务院批准，江苏到2030年要建成"苏南现代化示范区"，除经济发展外，还要有完善的养老体系、教育体系、医疗保险，较小的城乡差距等。于是，我们提出江苏在"十二五"期间"县县有博物馆"的目标，这种提法是与江苏经济社会发展相协调的。而在中国一些经济欠发达地区，要求县县有博物馆不仅有难度，而且也不必要，因为社会发展具有阶段性。

博物馆在发展过程中要错位发展、差异化发展。现在城市的发展表现出"千城一面"的状态，没有个性。博物馆的快速发展也出现这样的趋势，千馆一面。南京博物院提出的差异化发展要求，是希望跟故宫博物院、

图19　历史馆展厅

图20　特展馆"南京博物院藏钟表精品展"展厅

图21　艺术馆"古代雕塑展"展厅

图22　民国馆街景

图23　非遗馆编篦子现场展示

图24　数字馆一角

国家博物馆以及其他省级博物馆不完全一样。根据我院藏品类别多、综合性强的特点，并结合前身中央博物院的规划，我们提出了做一个"综合性最强的博物馆"的口号。从文物的角度讲，我们既有全国性的文物，也有江苏地域性的文物；既有宫廷文物，也有考古出土文物；既有物质文化遗产的文物，也有非物质文化遗产的文物（图15至图18）。1933年建院伊始，中央博物院前辈学人即立足江苏辐射全国，进行考古发掘与文物征集工作。特别值得一提的是，1933年后，包括中央博物院所属古物陈列所的文物与故宫文物一起南迁到了南京，然后又西迁到了四川、贵州等地，抗战结束后还都南京，放在了朝天宫库房。1948年末到1949年初有20万件运

图 25　仿辽式大殿　　　　　　　　　　　　图 26　新建筑和仿辽式老建筑交相辉映

到了台湾，成就了今天的台北故宫博物院，目前南博还余十余万件。另外，从上个世纪 30 年代起，我院前辈就在做非物质文化遗产调查保护活动，有文字调查、民俗调查、戏曲调查等，当年收集了大批珍贵标本，成为今天我们的重要非遗藏品。

从工作范围的角度讲，我们除了做博物馆的研究、展览、教育等工作，工作范围还包括考古、文物保护、古建保护、非物质文化遗产研究保护等。所以我们将差异特色定为"一院六馆六所"，即在南京博物院下，设历史馆（图 19）、特展馆（图 20）、艺术馆（图 21）、民国馆（图 22）、非遗馆（图 23）、数字馆（图 24）六馆，以及考古研究所、文物保护技术研究所、陈列艺术研究所、民族民俗研究所、古代建筑研究所、古代艺术研究所六所，六所为六馆提供学术支撑。在六馆中，"历史馆"讲的是江苏古代文明，是古代江苏的传统和生活，呈现的是地域文明。"特展馆"做的是特展和临展，特展主要是清宫文物的展览，临展主要解决的是文化交流的问题。比如美国大都会博物馆 2014 年 9 月要在南博做一个"铜塑美国西部"展览，再如 2013 年开馆我院策划了一个中国南京和英国爱丁堡两个城市的交流展，并为这个展览取名"双城记"。此次"5·18"活动主题展"藏品架起沟通的桥梁"也是在特展馆完成的。"艺术馆"依托我院三万多件具有江苏特色的书画藏品，包括吴门绘画、扬州八怪、金陵画派、傅抱石作品等，将艺术品分类展示。以上三个是传统的馆，是历史和艺术的殿堂。另外我们有三个非传统的馆，即民国馆、数字馆与非遗馆，可以看作是百姓文化休闲的场所。民国馆重点展示南京地区民国社会生活风情；非遗馆通过动态方式展示江苏省国家级非物质文化遗产名录项目，邀请传承人现场演示传统技艺；数字馆以网络科技和现场互动相结合的方式，带给观众全新的古代文明体验。

强化个性特色是博物馆核心竞争力的重要内容。博物馆的建筑应该体现个性特色，并和地域文明及文化空间紧密相关。比如南博历史馆大殿是仿辽式的传统建筑（图 25），但内部结构实际为民国建筑，柱子都是水泥的，上面的构架也不是木头的构架，用的是三角钢梁；特展馆上面的铜顶颜色和历史馆的琉璃瓦是接近的，整个形状仔细看有一点像良渚文化中祭天的玉琮，既是一个传统的符号又是一个现代的建筑（图 26）。

三、南京博物院改扩建工程及其目标定位

南京博物院改扩建工程历时 7 年。我 2006 年 1 月到南京博物院报到任职，4 月省发改委立项批复南博改扩建工程，当时的预算是 2.8 亿元人民币。至 2013 年 11 月南京博物院正式完成改扩建工程并对外开放，期间无数次的讨论、变更、完善，这一过程建安经费从 2.8 亿到 7 亿，展陈与开办经费确定 3 亿，不仅是改扩建的规模大幅增加的改变，还是南京博物院的定位逐渐明晰的过程。

说到南京博物院的二期改扩建工程及其定位，很有必要回顾一下南博的历史，因为这与南博定位的确立密不可分。

图27 1935年9月，徐敬直设计的国立中央博物院示意图

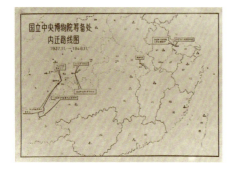

图28 1937年11月—1946年11月，国立中央博物院筹备处内迁线路图

图29 1941年6月，曾昭燏等参加发掘四川彭山崖墓的主要人员合影

1933年蔡元培先生倡议成立了"国立中央博物院筹备处"。历史馆大殿1936年奠基（图27），1937年7月芦沟桥事变后，日军进攻上海，南京紧接着告急，刚刚完成四分之三的中央博物院第一期工程被迫停工。保存在南京的南迁文物和中央博物院的文物也奉命西迁（图28），从1937年8月14日起至1939年7月11日。文物分水陆两路，历时两年，辗转万里，经皖、赣、鄂、陕、湘、桂、滇、黔、川数省，安全运至四川的峨嵋、乐山、李庄和贵州的安顺。自1946年5月至1947年3月，这批富有传奇色彩的"南迁文物"又全部运回南京。这期间，中央博物院驻四川宜宾的李庄。在外十年，除了运输、看护、保管文物之外，前辈学人还开展了大量的考古调查发掘，民俗学调查研究、民俗文物征集，以及古建筑研究等工作。

那个阶段，南博的前身中央博物院虽然馆舍没建起来、机构没正式成立，室外战火硝烟弥漫，室内陋室孤灯，基本的生活条件都难以得到保障，但前辈学人做了大量研究，进行了卓有成效的工作。1937年8月中央博物院奉命西迁后，吴金鼎、曾昭燏、王介忱在云南苍洱地区进行了考古调查和发掘；李济、吴金鼎、高去寻、王介忱、冯汉骥、曾昭燏、夏鼐等发掘了四川彭山崖墓（图29）。在此期间，中央博物院与中央研究院历史语言研究所合作，派员参加河南安阳殷墟遗址、山东日照两城镇龙山文化城址的考古发掘。并联合组建西北科学考察团，在敦煌、玉门关等地进行科学考察，发掘甘肃宁定阳洼湾齐家墓地等。以凌纯声为团长的川康民族考察团在西南地区进行了历史遗迹、民族服饰、手工业、语言和象形文字、动植物的调查，并征集了大量的民族文物。在此期间，中央博物院还整理编写并先后出版了《国立中央博物院筹备处概况》《远东石器浅说》《云南苍洱境考古报告》《博物馆》《麽些标音文字字典》《麽些象形文字字典》等。

那期间，发端于西方的博物馆学正式在中华大地上萌芽。当年从英国和德国留学回来的曾昭燏女士在上世纪50年代成为南京博物院院长，她是在英国学的考古学，在德国学的博物馆学，抗战期间她毅然回国，来到条件艰苦的李庄，不仅从事了大量的考古工作，还把国外的博物馆学引入中国，和李济一起写了中国第一本有关博物馆的理论著作《博物馆》。今天中国博物馆事业的许多煌煌巨著，观点多生发于此。

那期间，中国古建筑学也开始在中华大地上萌芽。当时的营造学社也居于四川李庄，营造学社的人员就是在中央博物院下发工资的，我们院的档案里面明确记载当年

图32 历史馆标本室

图33 特展馆"镇院之宝"展厅

展览告诉观众这个阶段社会生活的重大变化,在新石器时代,人们从吃不饱到吃得饱再到越来越多的财富积累,当财富积累越来越多的时候,两级分化更加严重,就是穷的人越来越穷,富的人越来越富,这是新石器时期最重要的内容。所以我们在新石器阶段做了一组墓葬,通过墓葬反映从没有等级划分到严重阶级分化这样一个历史进程。三是在"江苏古代文明展"文物特别多的地方做了五个标本室(图32),目的是让观众感受这一时期文物重复陈列所带来的冲击感,从而体验那个历史阶段的文化面貌。展览中文字说明很少,没有场景,没有做很多视频,基本上都是文物说话。我们希望大家了解我们为什么在这个橱窗里面放这样的面貌近似的一组东西,因为这样的一组东西一定反映当时的社会生活状态,这种展示给观众带来的参观感受应该是超越传统体验的。

特展馆有10个展厅,用于举办临展与特展,体现文化艺术的交流融合。主要临展厅用"模数化"方式遍布灯光、电源和展柜,便于机动便捷地变更展场空间和形式。特展主要展示宫廷文物,临展呈现的是不同文化之间的交流和融合。一楼是库房,展览主要在二至四楼。二楼临展第一个做的是中国南京与英国爱丁堡的文化对比展——"双城记",镇院之宝展(图33)、儿童体验馆也在一楼;三楼做过"金色中国"展览,目前是"藏品架起沟通的桥梁"展,还有佛教经书展览(里面有敦煌写经、康熙、乾隆手书经书),清宫金佛像展;四楼主要做的是清宫陈设品展览。大家知道清宫文物主要分为三类,一类是皇家把玩或皇家收藏的器物;二类是皇家的陈设品;三类就是实用器。我们院清宫藏品以陈设品居多。四楼的展览有"陈设清宫"(展示清宫陈设文物)、"盛世华彩"(展示院藏清代官窑瓷器)、"宫廷钟表"(主要为18、19世纪的宫廷钟表)等,展览从清宫礼制、信仰、生活、赏玩、陈设等层面,呈现清代宫廷生活多姿多彩的生动画面。可以说,不仅展示了清代帝王对艺术品的偏爱和审美取向,也展现了中国人的聪明才智和创造能力。

艺术馆位于历史馆西侧,建于1999年,经此次改建,除外观上与其他建筑整体协调外,展厅格局也作全面调整。共9个展厅,按照艺术品分类设古代绘画、古代书法、古代雕塑(图34)等3个专题陈列,设国画大家傅抱石、工笔画大家陈之佛、油画大家苏天赐、雕塑大家吴为山等4个名人专馆,另外两个临展厅主要是现代艺术展。

非遗馆除了江苏非遗项目的基本介绍外,活态的展示内容主要分为三部分:一是展示热闹民俗活动的"民俗艺苑";二是展示传统手工艺的"如意工坊";三是进行传统口头表演的"小剧场"和"老茶馆"。在具体展示手段上,通过多功能舞台及茶馆古戏台的方式来展示传统表演艺术,以作坊式的动态生产来展示传统技艺和有技艺的人,以民俗、节庆等直观的、公众参与式的活动,生动再现中国特别是江苏的传统文化,让人们体

图 34 艺术馆"历代雕塑"展厅

味"从容的、娓娓道来的生活方式"。其中老茶馆做的是传统戏台,每天下午一场演出,观众爆满,上面有人在唱戏,下面有人在喝彩,去的人只要花十元钱买一壶茶就可以在那里看一个半小时,花费不多,却已经成为传统场景的组成部分。我们还有一个多功能的剧场,每周六晚有一场传统大戏,演出昆曲、京剧、扬剧、锡剧等(图35),提前向公众告知,观众只要领了票就可以去听戏。

民国馆以南京的地域文化为主题,通过再现民国普通市民生活的一条街,直观展示民国时期的市民生活。其陈设、匾额、器具等都是征集的民国文物,是复原真实的生活状态。街上有杂货店、银行、邮局、书店、南北货店、照相馆、火车站、老爷车、黄包车等。邮政局可以寄信,杂货店可以买东西,照相馆可以照相,都是活态的实体店(图36)。我们要求所有实体店的经营者必须符合民国的要求,比如服装得是民国时期的服装。

数字馆(图37)体现了互动性,是对中华传统文化所做的片断虚拟展示,多以江苏的内容为主,包括虚拟的网络数字展览和博物院内的落地数字展示。在落地数字展示里,我们通过数字化方式,做了一个名为"生命因你而永恒"的展览,里面的传统文化都是片段,不是长篇大论,这个片段可能是一个景、一张画、一段视频,也可能是一个故事等。比如讲到爱情,这里讲了项羽和虞姬的故事。另外还有一些互动项目,比如拼图、文物修复、文物的创作等。数字馆除了这个实体馆以外还在网上建立了个虚拟博物馆,如果你愿意参与我们南京博物院的数字馆建设,你就可以建立自己的私人博物馆,然后从电脑里走进这个馆。

图 35　观众在非遗馆老茶馆观看昆曲表演

图 36　民国街上的实体店铺

图 37　数字馆展厅一角

展览是什么？展览是博物馆工作者针对服务对象确定了自己的定位后，根据已有的藏品，再将藏品进行精心组合，并加入自己的创意和美感，最后变成公众喜欢的文化产品。展览的关键内容是组合藏品，并且让其具有故事性和视觉美感。

在南京博物院的"一院六馆"中，你看到的不仅是文物与 20 个以上展览，你还会置身于一个由众多不同主题文化空间组成的文化休闲场所，那里有高雅的艺术殿堂、有人们过去的生活、有动态展示的非物质文化遗产、有遨游数字技术中的历史文化视野、有对传统技术与艺术的研究探索、有专题图书馆的贴心服务、有青少年社团和其他社会组织文化活动的场所、有专注于博物馆传统演出和观赏老电影的闲暇时光、有博物馆商店创意休憩购物餐饮的乐趣、有参与活动并让自己成为博物馆不可分割一部分的快乐，还有，应当是良好的文化环境和文化服务下的美好心情。

南京博物院希望能够成为国际一流、综合领先，作为艺术殿堂与文化休闲场所都深受喜爱的博物馆，做一个让公众逗留半天以上的博物馆。基于以上目标，我们还需要更多的努力来回报公众对我们的期待。

发现霸国

石金鸣　山西博物院

一、博物馆展览与考古

众所周知，博物馆是一类非营利性质的、向公众开放的社会公益性文化机构，它以收集、保护、研究、展示人类及人类环境的物质与非物质的见证和遗产为己任，实现文化、科学、艺术等知识的传播与教育。

要做一个成功的展览，无论是常设展览还是特别展览，都需要丰富的藏品，系统的、深刻的学术支持，还要有吸引人的展览主题和创意，准确易懂、流畅、赏心悦目的图文介绍。除此之外，还需要优秀的文物修复和保护专家，以及充满智慧的艺术家或设计师，包括灯光师、摄影师和一些心灵手巧的博物馆专业的制作、技术团队。只有当艺术品置身于艺术的氛围和环境中，才能展示出它故有的魅力和风采。我在《发现霸国》这本书里说过，知识、道德、科学、艺术、真理，是我们博物馆人服务公众永恒的主题。探索、发现、研究和展览，则是我们实现这个主题的非常重要的途径，也是广大的学者与考古学家应该担当的社会责任。

除了煤矿，山西还蕴藏着非常丰富的文化遗产，无论在地上还是地下。山西是文化资源的大省。煤总有一天会用完，但是文化用不完，它会越来越多地发挥自身的作用。作为田野考古的主力团队，山西省考古研究所，包括我们全省的考古工作者，几乎每年都会给社会和公众带来惊喜。从2000年以来，山西就获得了10项"全国十大考古新发现"和近20项"国家年度重要考古发现"。几乎每年山西都有重大的考古发现。今年本来也有一个但是最后落选了——我们在山西省忻州市发现了一处1500年前的北齐墓葬。这个墓室虽然被盗了，但是它墓道两侧有特别壮观的北齐壁画，分三层：上一层是有关宗教、神话的；中间一层是狩猎、出行；下面一层是反映北朝礼仪的一些内容。这个遗址现在正在保护过程中。

考古学在我们中国往往被放到文科的历史学科下面，其实考古这个工作是集诸多人文科学和自然科学于一体的一门综合性学科。一个考古学家需要掌握很多方面的知识，或者通过组队来选择一些多学科的专家形成一个考古研究的课题组。考古学家就像掌握多门类知识与技能的侦探一样，他在一些繁杂的、琐碎的废墟中，甚至是垃圾堆里边，细细地发掘，来寻找、探索我们古代人适应社会、适应生活的方方面面的行为上的信息。有一些公众可能比较关注考古发现中的金银财宝，觉得重要的是侠客的佩剑，或者帝王的金冠。这些只是它的一部分。实际上更多的是一些细碎的、细微的事情。

霸国的考古是2010年全国十大考古新发现之一，又因其田野工作的科学和严谨而被考古学权威专家评选

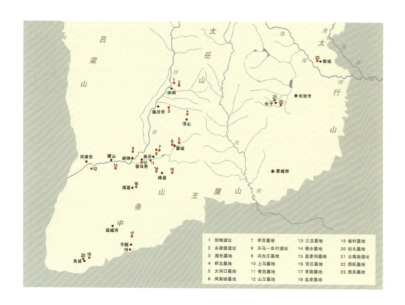

图 1 已发掘的晋南和晋东南重要的西周遗存分布图

图 2 山西南部分封的重要侯国

为中国田野考古一等奖。获得这个一等奖很不容易,我们国家的田野考古一等奖经常是空缺的。为了及时让公众了解我们重大学术研究项目的进展情况和阶段性的成果,在考古田野工作仍在进行的时候,我们山西博物院就和山西省考古研究所联合推出了"发现霸国"的特别展览。我们尝试着在第一时间向公众展示一个不为人知的西周诸侯王国的神秘面貌,同公众一起分享霸国考古扑朔迷离的发现经过,考古现场激动人心的发现瞬间,科学家们解谜的过程,以及我们考古人探索和解密的历程。

二、霸国的历史背景

在我们所发现的霸国西南边 150 多公里的地方——芮城县西侯度,发现了 180 万年前中国早期人类在黄河沿岸的一些活动信息。在霸国所在的汾河流域下游,有非常著名的丁村文化,是距今几十万年前的古人类文化遗址。在丁村里有两个全国重点文物保护单位:丁村遗址和丁村民居。距今一两万年以前,在汾河的下游和黄河交汇的北边,是壶口瀑布。在离它很近的地方有个非常重要的遗址——柿子滩旧石器文化遗址,也是我主持的一个历时十年的考古研究项目,这个重大发现应该能解决一万多年以前我们中国北方农业起源这个大课题。距今 6000 年前后,霸国所处的这一地理区域,是仰韶时代庙底沟文化的中心区域。在距今 4300 多年以前,也就是我们传说的尧舜禹时期,在霸国所处位置的北边有座山叫塔尔山,塔尔山西北部的外面有个叫做陶寺的村。我 1981 年大学毕业实习的时候,就在那个遗址发掘了半年。也就是在那个地方发现了我们中国早期文明国家形成时期的一个非常重要的遗址——陶寺遗址。无论是考古学家,还是历史学家都认为这应该是唐尧的都城。因为发现了有城址、有文字、有观象台、还有礼器等。公元前 21 世纪,这里曾是夏商文明与方国文化的要地。距今 3000 年前后,西周王朝在山西南部分封了很多的诸侯国(图1)。根据东周及其以后的文献记载,结合考古发现的补阙,有霍、赵、杨、贾、先、陨、荀、董、倗、霸、耿、冀、韩、魏、芮、虞、郇、虢、沈、姒、蓐、黄等 20 余国,这些大概只是当时封国的一小部分(图2)。其中一些国家文献上有记载,还有些没有记载,是后来通过考古发掘和调查发现的。他们共同开创了具有山西地域文化特色的西周时期的历史,而且演绎了许多可歌可泣的春秋故事。我上大学学历史文选的时候,读过《左传》中的《宫之奇谏假道》,说的就是晋献公的时候,晋国为了扩张南下,就想去灭虢国——也就是现在三门峡虢国墓地博物馆所在的地方。虞国在黄河北岸,现在的山西平陆一带。晋国攻打虢国要借道，给虞国送马送金玉，虞国国君贪财，但是宫之奇劝他不要借道。宫之奇认为晋国灭了虢国以后肯定也会把虞国灭了，但虞国的国君说，我们都是同姓，关系离得这么近，应该不会的。晋献公给虞国送了那么多东西，自己也舍不得。他的大臣荀息就说，不怕，那虞国就像咱们在外边的仓库，不过是他们临时保管一段时间，过一段儿又是咱们的了。晋国第二次再借道的时候，先灭了虢国，回头就把虞国给灭掉了。这就是"唇亡齿寒"和"假道灭虢"，这些故事告诉大家这一块地方有很多的历史。公元前403年，韩赵魏三家分晋，后来周王朝认可了，册封韩赵魏为诸侯国，这里又成为战国称雄的重要舞台，直到公元前221年秦统一中国。去年央视热播的两部电视剧，一部是《赵氏孤儿》，一部是《隋唐英雄》，都跟山西有关系。在山西阳泉盂县有个地方叫藏山，有人跟我说，那个地方就是当年赵氏孤儿躲的洞。

由此可见，我们所能看到的历史往往是支离破碎不完整的，有的时候更是以讹传讹的。通过研究资料信息和科学的考古发掘去填补空白、去伪存真、重建历史，就是我们历史学家和考古学家的主要工作。当然，时代离我们越久远，这些历史会越模糊，学术研究的难度也就越大。举个例子，霸国是在翼城县这个地方，在它的西北方向不远发现了晋国早期的诸侯墓地。当年武王灭商之后，年少的周成王把弟弟叔虞分封到山西南部一个叫唐的地方。唐叔虞的儿子叫燮父，燮父改称晋，他也就是晋国的第一代晋侯。山西博物院院徽的图案就是来源于第一位晋侯的墓里出土的一件鸟尊。据记载，除了我们刚才说的晋献公"假道灭虢"和"文侯勤王"，晋文侯护送周平王从陕西转移到河南，还有晋文公有较多的记载之外，实际上对于晋国早期的历史我们知道得很少。所以说离我们越远，历史记载就越少。就连晋国早期的都城建在何方都不确定，古史记载与考证或在晋中或在晋南，将近两千年争论不休，直到上世纪90年代初晋南曲沃天马—曲村晋侯墓地的发现，才使人们停止了争论。晋侯墓地在这了，晋国的都城离这也不会很远，虽然现在具体在哪还未找到，但绝对不会是在太原那个几百公里以外的地方。后来的晋文公重耳，他流亡19年得以回到晋国，多难兴邦，城濮之战完胜楚国，开启了晋国百年霸业。然而遗憾的是至今未见相应的遗迹遗存。他的都城、墓地，包括出土的文物，到现在几乎是空白的。类似的历史空白和未解之谜存在着很多很多，中华文明五千年，万物如风如水般地流逝，纵使浩如烟海的史书也不免挂一漏万，问题会很多，考古上有很多的课题需要做。也正因为有这么多问题和空白，激励了一代又一代的学者和历史爱好者博览群书、跋山涉水、乐此不疲地去考察、调查、发掘，期待着那些离我们遥远的某一些历史的轮廓与真相变得稍微清晰一些。我做考古从来也没想过解决什么大问题，比如历史要怎么写。我们只能做一点点的事情，能说多少说多少。

以上是晋国、霸国产生之前，或者他们同时代的，山西南部大的历史背景。

三、大河口霸国墓地的考古发现

翼城大河口墓地考古跟很多的学术研究项目一样，先提出一个考古课题来，然后进行论证、规划、预算，再去实施这个项目。在中国，绝大多数的史前考古项目都是我们主动发起的。当然，有些考古成果是主动性的思考和被动性的经济建设结合起来的产物。比如太原热电厂要扩建一个项目，那么必须要经过一个考古的勘探和调查。在这个过程，我们发现了很多的墓地，有春秋时期的，也有汉代的，还有唐代的。当年我也参加了这个发掘，在清理的时候非常意外地发现了春秋晚期的赵简子墓。赵简子在当时赫赫有名，是晋国的正卿，我们小时候的课文《中山狼》中，东郭先生把狼装到袋子里边，那个追赶狼的就是他。赵简子墓的意外发现，是当年一个非常重要的考古发现，也成为了山西博物院重要的藏品和展览的内容。

除了主动发掘的项目，及与经济建设配合的项目，也有一些考古项目纯粹是被动进行的，比如盗墓被发现了，考古人员去清理。包括晋侯墓地的发现，还有倗国墓地的发现，规模不亚于霸国，这些发现的线索都是盗墓活动。有人说，现在盗墓的技术比专业考古的都要高。实际上，国家的文物政策是"保护为主，抢救第一，

图 3　大河口墓地航拍图（自东向西拍摄）

图 4　1 号墓斜洞和二层台

图 5　1 号墓墓室、二层台及壁龛

图 6　1017 号墓出土棺盖板上的海贝

图 7　2124 号墓出土车马器

加强管理，合理利用"。国家文物局坚持严格的考古发掘项目审批制度，每年只批准少量的为解决重大学术研究课题的田野考古发掘项目。我们承担着保护历史遗产的神圣职责，原则上不允许发掘无安全风险的文物遗产。当年明十三陵中定陵的发掘是特殊时期的特殊例子，存在很多问题，是一个深刻的教训。现在我们对于主动性的课题、发掘特别慎重，特别严谨。还有，我们现在的一些技术和手段，达不到保护的要求水平。定陵挖掘的时候，出土了很多丝织品，可是当时技术跟不上，保护不了，都腐烂了。还有兵马俑清理的时候，泥土一扒开，俑上面的色彩也保护不了。因此，不成熟的挖掘可能比盗墓稍微好一点，但实际上也是一种破坏。所以我们现在是保护为主，能不动就不动。不是说盗墓的人有什么高招，有什么先进的设备，我们考古人比他们要高明得多，只是我们想要尽量地保护它。

大河口墓地位于晋南翼城县隆化镇大河口村北台地上，西距翼城县城约6公里，墓地北高南低，北倚二峰山，南面浍河支流，西北为浍河干流，墓地位于两河交汇的三角地带。其所处的山西省南部，是一处"藏龙卧虎"的地方，仅西周时期的大型墓地和遗址就发现了二十余处。我相信霸国后来是被晋国兼并的，后来这里成为晋国统治的一个核心区。历史文献曾多次记载，晋国的开国始祖唐叔虞被封在了山西翼城一带，而今的翼城县确有很多与唐有关的地名，如北唐村、南唐村、东唐村等。尧都平阳也跟这个唐就有关系。那么在夏和商的时候，这里也应该有个唐国。西周建国以后，成王的弟弟叔虞被分封到这里，称唐叔虞，后改称为晋。再后来李渊和李世民，在西安建立一个大唐帝国。那个"唐"和这个"唐"也有关系，李渊和李世民就是在山西起家的，积蓄了能量，从而造就了大唐帝国的出现。

寻找晋国国都以及春秋晋国霸业时期的遗存，一直是山西文博人的考古梦。因此，在大河口墓地正式发掘之前，考古人员更倾向于这个地方是唐的墓地。随着大河口墓地考古工作的进展，大量带"霸"字铭文的青铜器的发现，证明了一个史书未曾有记载的古国"霸国"的存在，并以丰富的遗存向我们揭示了霸国不为人知的历史信息。

霸国尘封了3000年的一段历史，现在既然发现了，我们就得主动发掘。既然要主动发掘，必须把工作做细致、彻底，这样才能有系统的完整的认识。

大河口墓地南北长约300米，东西宽约150米，面积4.5万平方米，经过详细的考古勘探，埋藏着上千座墓葬，时代自西周早期延续至两周之际。2007至2011年发掘面积16000平方米，清理墓葬600多座，出土文物15000余件套，青铜容器、锡器、陶器、玉器、漆器等，应有尽有。大河口墓地的田野考古工作、科技保护和室内研究仍在继续进行中。这些艰苦而富有挑战性和吸引力的工作，是由山西省考古研究所主持，谢尧亭博士领队，诸多文博科研单位参与的集体成果。

从航拍照片上（图3）可以看到，大河口墓地实际上有1000多座墓，目前只阶段性地发掘了一部分。其中1号墓墓深将近10米，墓口比墓底小一些，墓口长4米多，宽3米多，埋葬形制为西周贵族墓里常见的一个墓棺和一个墓椁。特别有意思的是它的墓口四个角有4个通向墓底的斜洞。离它不远的绛县横水倗伯墓，也发现过这种情况。这个斜洞是干什么用的，什么原因？到现在还没有达成共识，还有待进一步研究，也给大家留下个迷。墓室里面有个二层台（图4），即棺、椁外面有个平台，这也是先秦时期的墓葬经常出现的一种形式。台上有很多的壁龛（图5），就跟北方的窑洞一样，挖了很多小洞。这么多壁龛的发现，在西周考古史上还是第一次。壁龛里边放了很多的东西，有漆器、瓷器、陶器等。历经3000年了，壁龛上边没有塌下来，龛里的东西保存非常完整。1017号墓棺盖板上出土许多的海贝（图6）。其实若要研究的话，首先要鉴定这个海贝是哪种软体动物的，它属于什么属什么种，然后再去调查下它是产于哪，是黄海还是南海，还是国外的哪个海，这涉及到古代贸易和来往。所以考古的每一点点发现都可以延伸出去，做很多的研究和探索。

2124号墓出土的主要是车马器（图7），包括车上的零件、配件，车马身上的配饰等。

下面介绍一些重要的出土器物。

1号墓出土霸中簋，盖内有"霸中作旅彝"几字铭文（图8）。"中"是"伯仲"的意思。三足簋器内有铭"芮公舍霸马两金玉用铸簋"（图9）。这两篇铭文非常重要，后文说到国与国之间的关系还会详细展开。方座铃簋，旁边的耳造型特别好。而且这件簋特别地方是簋底下还有一个铃（图10），能响，所以这应该是北方的东西。山西发现的很多商代的青铜器和西周的青铜器，如1034号墓出土的青铜剑（图11）的柄或簋底部都是空的，里边带上一些响的铃，这是北方的草原文明、草原文化的特色之一。

2002号墓出土青铜甗（图12）。甗是鬲和甑的结合，下部是个鬲，上部分是甑，中间有个箅，是一种蒸食器。1号墓出土一件带木柄的铜斧（图13），通过把一些腐烂的相关的配套的东西给清理出来，包括木柄及兵器，我们能得知它怎么捆绑的、怎么使用的。而过去我们的考古做得比较粗糙，这些信息是丢失的。

图 8.1　1 号墓出土霸中簋　　图 8.2　霸中簋盖内铭文

图 9.1　1 号墓出土三足簋　　图 9.2　三足簋盖内壁和器底铭文

图 10.1　1 号墓出土方座铃簋　　图 10.2　方座铃簋底部

图 11　1034 号墓出土的两把青铜剑

1017 号墓出土尚盂（图 14），这件器物造型特别，足为三个象首，鼻子外卷，颇为生动。

霸国可能是戎狄后裔的一支。6022 号墓就出土了一些黄金的器物，如金璜（图 15）等。可惜这个墓被盗了。

大河口墓地出土青铜器，无论是数量、类型，还是造型、艺术性、文字等，都是我们这次考古的非常重要的收获。大家知道西周青铜器的组合有很多特殊的意义。它主要是一种礼器，用于祭祀、征伐、婚丧等，大部分都用于礼仪活动。当然它也反映了墓主人的身份、地位、等级和权利。所以我们在这里发掘的青铜器，有用来蒸的、煮的鼎、甗、鬲、簋这些饪食器。另外有一些酒器，比如温酒的、分酒的、喝酒的等，如盉、罍、角、尊。盉是洗手时倒水用的，和底下的盘配合使用。因为当时吃饭没有筷子，有可能得用手，那么吃饭以前肯定要洗手。另外还有一些乐器、兵器、车马器等。有些器物可能在棺椁上边放着，棺椁腐烂以后塌下去了，导致发现时显得乱七八糟，实际上它们的摆放有非常严格的规矩，只不过它出土的时候这个规矩被打乱了。（图 16）

特别有意思的是，1 号墓出土了 24 件青铜鼎和 9 件青铜簋，如此大的数量让人感到很意外。西周用鼎和用簋的制度，天子九鼎八簋，诸侯七鼎六簋，卿大夫用五鼎四簋，士用三鼎或一鼎，有很严谨的规矩。但是 1 号墓的发现好像并未按照这个规律。考古有时候可以论证文献上记载是否正确。最起码说，西周早期，用鼎和用簋的规矩还没有很严谨。可能是在西周孝王的时候礼制变革之后，才有了比较严谨的用鼎用簋的制度。再有，很多书都是东周以后才写的，它可能拿东周时期的一些标准和规矩来说西周的事。文化虽然是传承的，但还是有变化的。当然，到春秋

图12 2002号墓出土青铜甗

图13 1号墓出土带木柄的有銎铜斧

图14 1017号墓出土尚孟

图20.1 1017号墓出土扁腹簋

图20.2 扁腹簋盖铭文

晚期就礼崩乐坏了，周天子控制力减弱，诸侯想做什么就做什么。太原发现的赵简子墓就用了很多鼎和簋，实际上是一种越轨。

再说原始瓷器（图17）。原始瓷器是在制陶技术的基础上发展而来的。它是瓷器的原始阶段，用一种特殊的粘土做坯。瓷土比做陶器的土要更细密，要求更高一些，做好以后还得上釉，必须达到摄氏1200度，才能烧成这种效果。二里头文化和商代的考古发掘中，就有原始瓷的发现，因此霸国这个地方发现原始瓷也不足为奇。但是，霸国墓地发现的原始瓷量比较大，而且比较完整。这些原始瓷器当时在北方地区是一种稀罕的物品，发现这种器物的墓地的主人，应该是高级别的贵族。这些瓷器是哪里烧造的？是当地的，还是其他地方来的？根据传统的观念，山西发现的瓷器肯定是其他地方带去的，因为山西既没有官窑，也没发现其他早期窑口。有些人归因于北方出土得少，南方出土得多，尤其是东南地区不但发现了原始瓷，而且还发现了瓷窑。但是没发现不一定就是没有。所以，有研究人员认为这批原始瓷是当地产的。因为它的器型、风格和本地的陶器可以类比，因此认为它应该是当地产物。当然究竟是怎么回事留待学者和大家思考研究。

霸国墓地仅1号墓就出土了漆木俎、象牙杯、双耳杯、单把杯、碗、牺尊、豆、罍、壶、龙凤屏风、人俑、盾牌、兵器柄、皮箭囊、木杖等60多件，埋藏了近三千年的漆木器，其木质早已腐烂，与土壤无异，只留下模糊而不连续的红色漆皮，以及镶嵌在器物表面的各种蚌泡螺钿（图18）。漆木器的发现是霸国考古非同寻常的成就，它对田野考古能力和文物科技保护手段是一个严峻的挑战。考古发掘，能清理出车马坑来或把漆木器发掘出来，就代表发掘水平很高。考古发掘时，心细的人可以发现很多信息。比如发现一个人骨，也许土里面能看见布纹，从布的经纬线能算出一平方厘米有多少经线、多少纬线。再朝外面，还能发现席子的纹理等很多信息。但若发

图 15　6022 号墓出土金璜

图 16　1 号墓椁室上层出土的青铜器

图 17　原始瓷

掘粗心，挖半天跟挖土一样，什么也看不见，什么也没发现。漆器的考古为什么这么难呢？因为它里面的木胎跟土的颜色一样，漆片也不是那么完整的，而是星星点点的。如陶寺遗址发现的木器、盘、豆等，并不是连续的轮廓，把里面清理完，挂上石膏，再翻过来，才知道是什么器型。潮湿和干燥，两种极端的环境都有利于有机制文物的保存，如马王堆汉墓的大量漆器、甘肃新疆沙漠地带里的丝绸织品都得到了很好的保存。山西是个不干不湿的地方，有机质文物的考古就变成件很难做的事。在野外，气温冷热的变化，就会导致它们开裂。当然现在的科学手段比较高明，我们不着急在野外做，因此采取了切割搬迁至室内实验室清理的方法，在恒温恒湿环境下，慢慢地细细地去做。这也是世界考古普遍遵循的手段。由于田野做得很到位，霸国墓地项目荣获当年的中国田野考古一等奖，当之无愧。

漆木人俑（图 19）也是非常重要的发现。殷商时有人殉的现象，就是活人殉葬。到了西周，慢慢地用俑来代替人来陪葬。这是中国古代陪葬制度一个非常重要的变革。1 号墓出土很多冥器，那些小青铜器、小罐子、小鼎、小簋，都是专门为殉葬而制作的，它代表了墓主人活着的时候用的大器物。殉葬制度的这种变革，实际上反映了一个时代的进步，也反映了对生命的尊重。墓内随葬漆木人俑则是目前中国最早的考古记录，过去曾在陕西韩城梁带村的春秋早期墓葬发现过。

前文提到 1017 号墓出土共 2 万多件海贝，这也是在西周早期墓地里面第一次发现如此多数量的海贝。但它是做什么用的？其实它属于棺和椁上面盖的纺织品。我们在山西运城绛县的倗国墓地也发现过类似东西。至今，当地（山西南部）老人去世以后，棺上面也要盖一块颜色特别艳丽的布，那就是荒帷。那么这些贝是镶嵌在荒帷上的？还是镶嵌在车马里？或是马身上的装饰品？还有待慢慢清理和研究。而它又是一种财富的象征，贝即货币，过去用于交流，有等价交换的货币功能。

再说说霸国墓地出土青铜器上的铭文。青铜器铭文带给我们很多重要的信息。先秦时期，由于文书材料的局限性，图书档案难以久远地保存，青铜器上的铭文成为了非常珍贵的第一手史料。霸国墓地发了不少铸有铭文的青铜器，晋国、芮国、倗国等邻国也有与霸国相关的器物发现，这些都是研究霸国的政治地位以及与邻国

图 18.1　1号墓2号壁龛内的漆木罍

图 18.2　1号墓2号壁龛内的漆木罍复原图

图 19.1　1号墓二层台上漆木俑

图 19.2　漆木人俑发掘现场

外交关系的珍贵史料。前文提及1号墓出土三足簋，盖的内壁和器底有铭文"芮公舍霸马两金玉用铸簋"。"舍"即赐予，意思是周王室重臣芮公赐给霸伯两匹马、玉和青铜，用来铸造了这件簋。这是霸国和芮国有来往关系的史料。另外刚才我们看到的尚盉，内壁有一篇反映西周聘礼的长篇铭文，共116字。其中有"唯三月，王使伯考蔑尚历……，霸伯拜、稽首，对扬王休，用作宝盉，孙孙子子其万年永宝"的记录，意思是伯考代表周王来霸国赏赐和勉励霸伯，霸伯回赠伯考和周王礼物。1017号墓出土扁腹簋也铸有较长的铭文（图20），"唯十又一月井叔来拜。乃蔑霸伯历事伐，用辑百、丹二、虎皮一。霸白拜、稽首，对扬井叔休。用作宝簋，其万年子子孙孙其永宝用"。井叔是西周王朝的重臣，代表周王来勉励霸伯，霸伯也赞美井叔，做了这件宝簋。还有两件凤鸟纹盆，器底各有一篇相同的铭文，内容为"倗伯肇作旅盆，其万年永用"，可知这两件器物来自不远的倗国，可能是霸伯生前倗伯赠送霸伯的礼物。反映了倗国和霸国这两个小国间的友好交往与关系。

　　文字是人类最伟大的发明，是文明时代的重要标志，是我们了解历史最直接的证据。正因为如此，我们就知道考古和历史学家每当发现带有铭文的青铜器时，为什么是那样的激动。记得当年发掘倗国墓地的时候，也出土了很多带有铭文的青铜器。然后我打电话给历史学家、古文字学家李学勤，说："李老师，我们发现了一批青铜器，上面有铭文，您愿意不愿意帮忙释读？"他说"愿意"，就来了。老先生看时很激动，一边看一边把铭文释读出来，一共写了十几页，最后给我，说："金鸣，你把这个东西复印一下，复印件给我，原件你们留下。"可见其对这些铭文的重视。

图 21　霸国出土玉鹿　　　　图 22　晋侯墓地出土玉鹿

图 23　霸国出土陶三足盘　　图 24　倗国出土陶三足盘

图 25.1　1017 号墓出土凤鸟纹盆　　图 25.2　凤纹盆内铭文

尚盂等带铭文的文物在霸国墓地的发现，让大家意识到，霸国和周边国家在政治、经济、婚姻等方面的关系。将霸国墓地出土玉鹿（图 21）与晋侯墓地出土玉鹿（图 22）作比较，可以发现两者的艺术风格多么相似。还有一件文物特别有意思，霸国墓地和倗国墓地均出土过一样的陶三足盘（图 23）（图 24），一个当地妇女看到说，哎呀这和我们家那个烙饼的那个一样一样的呀！随后从家里拿来烙饼的锅，果然一模一样。这让考古人员特别惊叹，这种文化传承竟经历了 3000 年没变化，只不过把陶盘换成铁制的了。

1017 号墓出土凤鸟纹盆（图 25），上面的铭文是倗国的，也就是说霸国墓地发现了很多相邻国家的一些器物，铭文记载展示了我们现在理解的国际关系、国际交流与合作。

四、霸伯与燕国公主

大河口村 1 号墓地出土了一组燕国早期的青铜器（图 26），造型与纹饰具有燕国特征，更重要的是有文字佐证，其中一件提梁卣内装有 7 件酒器，分别是单耳罐、斗和 5 件觯。把这些器物分开，大家不会知道它是哪里的，但是它们放到一起，便可以给我们提供许多信息，比如它的功能和它们的关系。卣的盖与器底铸有相同的铭文："匽侯旨作姑妹宝尊彝"（图 27）。寥寥 9 个字，为我们提供了很多有价值的信息：

其一，匽侯也即"燕侯"，燕国是周初分封于现在北京市房山区琉璃河一带的一个诸侯国，它的第一任国君是燕侯克，琉璃河墓葬中出土的克罍和克盉上都有铭文"令克侯于燕"的字样。另一说是召公奭被封于燕，因忙于国事大任而派他的儿子去管理。克的儿子即为燕侯旨。已知燕侯旨的传世青铜器迄今只有两件，分别藏于日本（图 28）和上海博物馆（图 29），由此可知 1 号墓有关燕国青铜器的发现十分的珍贵。

其二，"姑妹"就是小姑姑，应是燕侯旨的小姑姑，燕侯克的妹妹，召公奭的女儿。王室公主远嫁霸国，燕侯旨为姑姑精心制作了成套的青铜器陪嫁贺礼。这是探索霸国与燕国的政治外交关系、西周的婚嫁习俗礼制、器物组合与功能的重要实物。

其三，因为有了比较准确的年代证据，赋予了这些青铜器很多的时代标准，和燕侯旨时期的断代依据。同时也是研究燕国青铜器铸造技术、造型艺术、装饰风格的不可替代的典型器物。另一方面，为大河村墓地，尤

图26 1号墓出土提梁卣及内藏单耳罐、斗、觯　　　　　　　　图27 1号墓出土燕侯旨卣盖内铭文

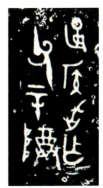

图28 日本藏燕侯旨鼎及铭文　　　　　　　　　图29 上海博物馆藏燕侯旨鼎及铭文

其是1号墓的年代提供了直接的证据。尽管没有具体到某年某月,但是燕侯旨距燕召公不过两代,而燕召公参与了公元前1046年的武王灭商。因此霸国墓地出土的燕侯旨的器物,反过来又证明了大河口1号墓的时代。所以一条考古信息可以来回论证,提供更多的信息。它提供了我们这批青铜器特别重要的时代特征,是一个典型的标准器。它也是研究燕国,尤其是燕侯旨这一时期青铜器工艺、造型、铸造技术等的重要标准。

其四,1号墓的墓主人留有遗骸和头骨,考古学家初步鉴定性别为男性,当是燕国公主的夫君,其去世年龄为45~50岁,他的长相、身高、遗传基因、死亡原因等,将留待不同学科领域有兴趣的学者去探索。我认为,通过现在的技术,都可以去探讨。1号墓的墓主人的头骨也在,年龄也有,复原面貌的专家们完全可以把霸侯的相貌模拟出来。考古成果和信息也可以再利用地贴近生活一点。我们的文学家、艺术家根据这些信息、线索、素材,也许能够创作演绎出一部精彩的文艺作品。比如说霸国国君与燕国公主之间浪漫的爱情故事等。我曾在飞机上看到报纸上报道《小乔初嫁》这一出戏,其实苏东坡就写了"小乔初嫁了"5个字,5个字就能编成那么好的一部戏,那霸国国君和燕国的公主,完全也可以编出许多故事。不过这不是我这个考古人的工作,可以留给对文学感兴趣的人士。

图 30　考古学地层及考古场景模拟

图 31　套箱提取，运到文物保护实验室

图 32　移动实验室来到大河口

图 33　考古绘图

五、从田野到展厅

　　山西是文物大省，也是个文化大省，但是它不是一个文化强省。文化大省那是老祖先留下的。上海古代的遗存我不敢说特别少，但并不是很多。但我们中国公众文化素养最高的城市还是上海市，这是全国公认的。古代文明也好，古代艺术也好，它的研究和展览是上海博物馆的特色。山西博物院一直以上海博物馆为楷模，学习它的管理模式、员工们渊博的知识积累和他们的敬业精神。但我们也不盲目地照搬，山西有自己的特色，我们也一直在探索自己的特色。"发现霸国"临时展览就是我们探索立足地方遗产资源特色，研究展示传播地域文明的一个思路和一个尝试的案例。

　　整个考古发现的成果属于公共资源，公众有知情权，还要有一个享受文化的权利。所以博物馆作为公众文化的服务机构，我们有责任做好考古和公众之间的桥梁。用博物馆的空间和语言将考古新发现及研究成果及时地展现给公众。大河口墓地考古发掘工作虽然尚未完成，发掘资料也没有进行系统的研究，甚至大多数都没有对外公布。但是，因其考古成果显著，荣获了众多荣誉，并且在发掘过程中媒体已经进行过一些前期报道，公众对考古成果的展示有更强的兴趣和期待。另外 2012 年恰好是山西省考古研究所成立 60 周年，也需要总结工作，展示成就，在山西省考古研究所的支持下，展览主题与创意得以最终实现。

　　我们利用 800 平方米的展厅，共展出了 180 余件出土文物。但这个展览并非只是文物精品的堆砌，我们意在向公众展示大河口西周墓地的最新考古成果和研究成果，同时以通俗易懂的形式向观众介绍什么是考古，现代考古是什么样的。以前，考古界与公众缺乏沟通，公众对考古工作不了解，甚至存在误解。因此在展览的内容与形式的概念设计这方面，我们一定要突出重点，技术上尽可能把考古项目的系统性内容

图 34.1　貘耳提梁卣　　　　图 34.2　貘耳提梁卣 X 光片

展示出来，给公众讲述一个规范的田野考古的项目，以及考古发现的动态过程。我们不仅选精品文物展示，还把考古工作的系统的动态的过程展示给公众，提供给公众考古和文物保护的手段和它架构的信息。我们在展厅里面做了考古学地层及考古发掘场景的模拟（图30）。展示了现代化科学考古的场景，比如现场处理不了的文物，我们通过套箱提取，把它运到文物保护实验室再慢慢地清理（图31）。野外保护的过程，移动实验车开到大河口工地上（图32）的照片，现在的考古跟过去不一样了。还有考古绘图（图33）、探测和三维扫描的方式进行资料收集。还有在室内对器物进行修复和保护的过程。除了完整的文物，我们还把一些残破的器物也进行展出，告诉观众考古发现的器物不全是完整的，实际上大部分的出土的器物都是破碎的，经过拼接和修复。同时，我们也辅助介绍了一些背景知识，如展出车马器时，我们就把西周早期车马形制、术语配合图版一并展示。

此外，我们尊崇一种客观而真实的解读，并将探索的相关问题和未解之谜告诉观众，鼓励大家参与思考和研究。如出土貘耳提梁卣（图34），内装若干小器物，但究竟有几件？分别什么器型？展览策划时我建议有意不打开，既给观众展示一下考古的过程，也给大家留下一个未解之谜的悬念，鼓励公众参与探讨。其实，科学研究并不神秘，只要你有兴趣和一定的文化基础，愿意付出时间和精力，一定会有收获的。

博物馆是知识的殿堂，如何让观众，尤其是青少年看懂展览，帮助他们更多地了解与藏品相关的各方面知识，满足他们的好奇心和求知欲，是摆在现代博物馆陈展工作者面前的重要课题。为此，我们兼用图片、场景、视频、触摸屏、投影等多种形式展示信息，注重与观众的互动，尽量摆脱沉闷、枯燥的氛围，调动观众参观展览的兴趣和积极性。展览期间，我们通过山西博物院网站、微博、博客、太原市公交移动电视广告、山西交通广播、讲座、出版书籍、举办观众参与的"我眼中的霸国"出土文物手绘活动、"暑期小小讲解员讲霸国"等一系列方式对展览作了全方位、多角度的宣传，取得了较好反响。我们邀请发掘项目的主持人和领队谢尧亭博士，他现在是山西省考古研究所所长，执笔编写考古科普读物——《发现霸国》。请他在我们的博物馆学术厅里作专题报告，给公众介绍大河口墓地考古发掘的过程，解读研究成果。

考古类成果展览将是山西博物院长期积累和策展的重要课题之一，也可能与我个人的考古情怀有关，曾经在大学里从事过考古教学，在考古所做过所长，参加过考古发掘和考古研究。当然有了好的藏品不一定就能办好展览，如同拥有各类食材和调料的厨师未必能成为烹饪大师一样。我们会努力地做好博物馆，保护好祖先留下的遗产，发挥好博物馆的文化作用，让博物馆成为大家喜欢光顾的地方，让现代化城市因为有了博物馆而显得更有气质，更有品味，更有魅力。

博物馆如何创造魅力：台北历史博物馆的做法

张誉腾　台北历史博物馆

一、台湾社会与博物馆变迁

台湾的博物馆事业滥觞于日据时期（1895—1945），迄今已有百年历史。

1895年开始，日据台湾整整50年，台湾博物馆事业也诞生在那个时期，到现在已经超过100年历史。那个时期日本人在台湾一共盖了18座博物馆，大致分成三类：第一类是商品或物产的陈列馆，像台北的历史博物馆所在的建筑物，最初就是台北商品陈列馆；第二类是教育馆，从事科学教育、卫生教育等；第三类是乡土馆，比如阿里山的高山博物馆。这些都是那一时期盖的，包括我们历史博物馆所在的植物园。日本人为什么要在台湾盖博物馆呢？他们主要的目的就是通过不同类别的博物馆，直接或间接地对台湾人民进行经济、政治等不同层面的意识型态的改造。因此，我们称台湾这个时期的博物馆为"殖民博物馆"（Colonial Museum）。

台湾总督博物馆创建于1908年，是日本人在台湾盖的一座最宏伟的文艺复兴时代建筑形式的博物馆。由很多文献史料得知，它是台湾最大的博物馆，当时日本人常常来台湾参观，很多日本中小学毕业旅行的毕业照就是在这个博物馆的门口留影。它不仅是对台湾本地的人民宣扬日本帝国国威的橱窗，也是通过建造这么大的博物馆对日本国民宣扬"大日本帝国"的崛起。台湾总督博物馆是一座很典型的殖民博物馆，最初并不是为了博物馆的用途建造的，而是为了纪念一位逝世的总督，后来才从纪念馆变为博物馆。

在1945至1965年，此一时期台湾博物馆的数量小幅增长至30座。其中最值得称道之处的是1954年，张其昀先生主持下所筹建的一系列总称为"南海学园"的文化机构。以历史博物馆、艺术教育馆和科学教育馆等三座为代表作。三馆硬软规模不大，但位置适中，交通便利，在教育、艺术和文化上发挥了相当重要的作用。

1965至1975年这10年间，台湾在外销导向的经济政策下，文化事业仍然相对萧条，这段时间台湾文化政策的主轴是所谓的"中华文化复兴运动"。在此10年间，台湾的博物馆总数量增加到近50座，其中以台北故宫博物院（图1）最具规模，因外型的传统中国建筑形式和展藏之63万余件中国皇宫珍贵文物而名闻世界，成为复兴中华文化的具体表征。现在台北故宫博物院每年大概有将近400万观众到访，其中200万是来自大陆的团客。而历史博物馆主要的大陆观众则是以自由行的游客为主。有学者研究台北故宫博物院的参观游客，发现大陆人之所以那么喜欢，是因为很多展品从前就是从大陆运过来的，在这里感觉像回到家一样。

1975至1995年这20年间，一系列科学博物馆和地方特色博物馆的建设，使台湾的博物馆事业呈现空前好景，博物馆总数已增至90座左右。为了普及科学知识，一系列科学博物馆建设（自然科学博物馆、科学工艺博物馆、海洋生物博物馆、海洋科技博物馆、台湾史前博物馆等）在1980年初开始陆续进行筹备与兴建。

本文根据2014年8月17日台湾历史博物馆馆长张誉腾在上海博物馆的讲座整理。

图1 台北故宫博物院

　　从1995年迄今的20年间，台湾博物馆数量增长速率之猛烈，以"发烧"形容当不为过。据统计，台湾博物馆已有746座，公私立约各占一半，显见博物馆事业的蓬勃发展。其中强调地方文化和小区认同，并由县、市、乡、镇主导设立的地方博物馆，有大幅增长现象。在文建会小区总体营造、闲置空间再利用、地方文化馆等文化政策引导下，由县、市、乡、镇主导设立的一系列地方博物馆计划，提出地方认同、族群自主性重建，文化资产经营和地方产业振兴等不同诉求，因此形成台湾博物馆界一项新兴的运动，宣示台湾博物馆界"地方时代"的来临。

　　值得一提的是1981年11月11日，"文化建设委员会"（简称文建会）成立，它是执行文化建设工作的最高机关，这是台湾文化政策从教育领域分离出来独立推动的开始。1981至1986年这6年期间，文建会在台湾21县市进行文化中心的筹建工作。1987年各地文化中心陆续完成硬件建设后，文建会接着提出"建立文化中心特色计划"，依据各县市的人文历史、传统工艺、产业等资源，在各县市文化中心内成立地方特色博物馆。这一阶段的文化政策开始重视到台湾各地区域不同的生活形貌与文化差异，藉由地方特色博物馆的成立，文化政策逐渐转型，尝试寻找台湾各地区的文化特性。

　　例如新北市（即以前的台北县）的黄金博物馆。日本人曾经在九份、金瓜石大量地挖掘黄金，挖掘完之后周边矿坑成了遗迹，用博物馆的角度把矿区的人文、自然环境都保留下来，就形成黄金博物馆的园区。它不是一个局限在建筑之内的博物馆，而是把整个环境，包括它的居民、矿坑工业的遗址都整合起来，变成一个由工业遗址而形成的生态博物馆。

　　温泉博物馆也是这样的模式。日据时期，在台湾建立大量温泉，北投就是当时最主要的一个基地，也是当时日本人度假的据点。台湾光复后曾经的日本人公共澡堂就荒废了，二、三十年后被一个小学老师跟他的学生在校外旅行时发现。后来慢慢重新改造、复原，变成现在大家可以在那里追索历史的一个博物馆。

　　这些博物馆，大多是当地政府、小区、民众主动去关心、建立的。

　　此一时期的另一重要现象是私立博物馆的崛起。由民间企业来支持的博物馆越来越多，如顺益台湾原住民博物馆、奇美博物馆、鸿禧美术馆、树火纪念纸博物馆、台北海洋生物馆、袖珍博物馆、朱铭美术馆、震旦博物馆等，到现在已经将近有200家，占了博物馆总数约三分之一。这些博物馆其实大部分都营运得不容易，因为经营博物馆其实是很花钱的事情，幕后的工作有很多，比如收藏、维护、购买，还有研究人员的薪水，不是只有表面上办一个展览那么简单，幕后大量的基础工作都是很花钱的。很多台湾的收藏家来找我说想盖一个博物馆，都被我泼了一桶冷水。我会问他是否真的想清楚，是否只有通过博物馆的方式才能解决，因为你的很多收藏，可以通过与公家的博物馆合作展出，或者创建一个网站把藏品介绍给公众，也可以印一本书、拍一部影片来展现。根据我30年的博物馆经验，几乎没有一家博物馆是赚钱的。台湾现在大部分的博物馆都是财政拨款，

图2 台北历史博物馆

像美国、英国的很多博物馆都要去企业界争取支持，一些馆长最重要的任务不是去搞研究典藏，而是去筹钱。比如旧金山的亚洲艺术馆，馆长也是我们同胞，透露说97%的经费都需要自筹，只有3%来自旧金山市政府的支持；再比如美国德州圣安东尼奥美术馆，其馆长也坦承，美术馆经费中93%要自筹，政府支持仅7%。台湾的情况，大约20%的经费需要自筹，通过文化创意产业、教育活动、展览场地出租等。所以大家可以了解到，博物馆不赚钱几乎是一条铁律，如果有很多收藏想要盖博物馆，还是得慎重。因为盖一个建筑很简单，做个展览也很简单，但每个月要付员工薪水、要付各种物业成本比如空调费、维护费，要坚持下去是不容易的。私人博物馆虽然到现今数量增加很多，可是长久地经营是有很大困难的。

许文龙先生的奇美企业在台湾有个奇美博物馆，最近在台南的一个都市公园盖了个新馆，捐赠给台南市，因为奇美作为商人，很明白后续经营的辛苦，于是把博物馆捐给地方政府，自己成立基金会来承接。

综言之，台湾历经不同时期，台湾的博物馆学，也由博物馆馆员或学者专家主控之恋物、保存导向的"专家博物馆学"逐渐退潮，改由地方、小区、观众和娱乐休闲导向之"通俗博物馆学"所取代。如果再加上信息时代媒体形态的急剧变革，互联网上已日益普及的虚拟博物馆网站，可以说台湾博物馆的本质和经营理念，已面临被整体颠覆的局面，一种具有地方化、小区化、通俗化、虚拟化多元色彩的博物馆发展型态，已隐然成形，也再次说明博物馆与社会变迁的关系。

二、历史博物馆的回顾与前瞻

位于台北的"历史博物馆"（以下简称史博）创建于1955年，位居台北市南海学园，旁边是景致优美的植物园（图2），夏荷盛开时清香迷人，搭配史博古典建筑风格，长期以来是台湾文化艺术活动的重要指标。1955年，利用日据时期的台北商品陈列馆馆舍，成立历史文物美术馆，是为史博前身。1975年扩建为北方宫廷建筑型建筑，落成后使用迄今。史博的使命是通过历史文物与美术品的收藏、研究、展览和教育功能，培养民众历史意识与美学素养，传承与开创具有台湾精神的中华文化。

史博具有三大品牌特色：典藏华夏文明遗珍、书写战后台湾美术史以及与时俱进的展览、教育和文创营销活动。下文将从这三个特色面向，呈现史博如何随着时代变化，持续创造魅力，呼应社会需求，成为一个小而美、具有竞争力的博物馆。

（一）典藏华夏文明遗珍

自1956年至1957年间，教育部门陆续拨交史博之原河南博物馆运台古物，以及部分战后日本政府归还古物，是史博馆藏历史文物两大基石。

图3　蟠龙方壶　　　　　　　　　图4　万历青花双龙暖寿坛　　　　　　图5　三彩加蓝人面镇墓兽

典藏于史博的原河南博物馆古物，主要包括新郑与辉县出土的铜器、玉器，洛阳地区出土的绳纹陶、唐三彩等陶器，以及前河南博物馆馆长何日章于1929年挖掘的安阳小屯村甲骨3000余残片等。

此批古物在1937年抗战初期，自当时位于开封的河南博物馆仓皇运至四川重庆避难；1949年国共内战重庆易帜前夕，此批古物的一部分于11月29日分由两架运输机抢运至台。依联合管理处1950年陈报的清点记录显示，战时存于重庆的原河南博物馆古物并未能全数来台，运台者仅38箱，仍有39箱未及运出。

史博所藏河南文物，计1086组件，以青铜器、唐三彩、陶器、玉石为主，是馆藏重要特色。其中青铜器出土地点主要为安阳、新郑、辉县三地，因具备确切出土地点、时间与考证记录，为学界进行研究之重要数据源。其中最著名者，为蟠龙方壶（图3）、金柄短剑、兽形器座三件。

另一方面，史博典藏之战后日本政府归还的古物总计181件。日本侵华战争期间，被日本人抢劫盗运的、在战争中丢失或被战火摧毁的中华珍贵文物难以计数。1950年，日本政府外务省暨相关单位交涉达到共识，分批将日本掠夺古物归还，第一批自日本运回台湾的古物计19箱，第二批至第六批计86箱。史博于1956年春天，前往该处库房点收部分日本归还古物，成为馆藏重要文物。北魏《曹天度造九层石塔》即为其中之一。此塔约为北魏天安元年（466）石雕黄金时代产物，正值佛教鼎盛之时，在佛教史、文化史、社会史上的地位与价值，不言可喻。此塔下宽上窄，平顶四方，塔身高209厘米，共九层，其上共有浮雕佛像1381尊。它本来是山西朔州市崇福寺镇寺之宝，安置于弥陀殿东南角。1937年，日军占领朔州，驻扎崇福寺，1939年将之掠夺并运往日本，塔刹部分却被朔州市民丁克成偷藏起来，因而仅运走塔身，安放在日本东京帝室博物馆。1945年日本战败投降后将塔身交还，辗转来到台湾，塔刹则仍存在山西崇福寺。史博有幸于建馆翌年（1956）庋藏此一国宝，长期展于馆内1楼石雕走廊，惟因只有塔身部分，常感遗憾。祈愿两岸文化交流更趋频繁的未来，塔身和塔刹得以合璧，成就两岸艺坛美事。所以我们说，文物也是有故事的，文物也在颠沛流离，我们为什么要去博物馆里参观，也是因为文物背后美丽或凄凉的故事。

史博也有台湾最好的明代青花瓷（图4）和唐三彩（图5），台湾的邮政公司近两年运用史博的典藏来设计发行主题邮票，例如：2013年3月发行的"清代刺绣邮票"（图6）；2014年9月即将发行"古物邮票——青花瓷"（图7）。

（二）书写战后台湾美术史以及与时俱进的展览

1. 书写战后台湾美术史

1961年指定史博举办重要美术展览之专门场所。这项决定促使史博在之后的50年，成为展览台湾地区战

图 6　清代刺绣

图 7　古物邮票——青花瓷

后美术最重要的机构,并因此累积许多美术品收藏,包括国画、西画、版画、法书、印玺等,见证了一段举足轻重的台湾美术史。

目前史博台湾美术史藏品中以书画数量最多,有6300多件,其中国画3600余件、法书2700余件,作品年代包含明清以来、民国、当代书画各家流派作品,尤以近现代水墨书画之典藏量为台湾博物馆之冠,对于研究民国以来台湾地区书画表现有极为重要的参考价值。这其中就包括著名的"渡海三家"。

溥心畬、黄君璧与张大千是民国以来传统水墨国画家的代表人物,他们的后半生都跟台湾有密切关系,也给台湾国画画坛很大的影响,因而合称"渡海三家"。同样是从深厚传统笔墨基础中走出,也都具有中国面临时代冲击的背景,溥心畬、黄君璧与张大千却呈现了迥异的艺术创作路线,各自代表不同艺术创作理念,显示了中国传统知识分子在面临西方文化强烈激荡下不同的因应。

史博典藏的溥心畬(1896—1963)(图8)作品共203件,包括绘画142件,法书61件。黄君璧认为溥心畬山水画:"越是工细的越好,越是小幅的越好。"溥心畬善山水、人物、花鸟、走兽、山水(图9)。不仅书画好,而且从小即通诗词典籍,晚年在台湾对弟子说,如果有人称他为画家,不如称他为书家,如果称他为书家,不如称他为诗人,这恐怕不是自负,而是画家更看重自己的诗心,也说明艺术自来是诗、书、画、印密不可分的。他曾以画名与张大千并称"南张北溥"。

图8 溥心畬肖像

图10 黄君璧肖像

图12 张大千肖像

图13 四轴联屏大墨荷／张大千

图9 钟馗图／溥心畬 　　图11 高山仰止／黄君璧

　　史博典藏的黄君璧（1898—1991）（图10）作品有47件。"渡海三家"中，对台湾国画艺坛影响最大的，首推黄君璧。1949年黄君璧渡海来台后，担任师范大学美术系教授兼主任长达20年，倡导国画写生教学，其个人创作理念与风格，深刻影响战后台湾水墨发展，也曾是蒋宋美龄的绘画老师。黄君璧主张写生，认为画中国山水除了临摹前人之作，更要身历其境。因此，大师在创作历程中走遍大江南北，包括世界三大瀑布，将各种天然奇景描绘得生动写实，宛若身历其境，尤其突破了传统画法，逼真地传达了瀑布飞动的视觉效果（图11）。

　　史博典藏的张大千（1899—1983）（图12）作品共计160件。这批作品不仅是史博近现代书画收藏中质量俱佳的核心藏品，也使得史博成为与台北故宫并驾齐驱的台湾张大千收藏重要机构。张大千很早就与齐白石并称"南张北齐"，更重要的是他在敦煌临摹壁画的经验深深影响了他的画风，晚年他在台湾又开创了泼墨重彩的风格。史博收藏的张大千书画，不乏早年与中年作品，最丰富者为其晚年大写意水墨风格与泼墨泼彩风格之作（图13）。

　　常玉（1901—1966）（图14）是个非常传奇性的画家，一生画作不多，据统计有200多幅，而且四散各处，史博共有52件他的作品，是单一博物馆中收藏常玉作品最多的。20年代初期，在五四运动掀起的热潮下，常玉加入了第一批远赴欧洲深造的中国艺术家行列。在巴黎落脚后，常玉随即融入当时极富艺术气息的生活方式，在大茅舍艺术学院（Académie de la Grande Chaumière）习画。同时期的徐悲鸿、林风眠等人从欧洲学成后，回

图 14　常玉肖像　　　图 15　常玉画册《乡关何处》

图 17　瓶花／常玉　　　　　　　　　图 16　盆栽／常玉

到中国并在艺术界大放异彩，常玉则选择留在巴黎，1966 年孤独潦倒地客死他乡。（图 15）

常玉画风简约，有"东方马谛斯"之誉。作品造型简练、色彩单纯而鲜明，线条夸张，呈现独特的表现主义色彩。有人说常玉的西画是真正有中国人风味的西画。很多中国人画西画多少会有些"不中不西"的感觉，但常玉画的是典型的西画，并且在典型的西画中有中国的味道。常玉画作的主题，表达出很多的"孤独"，他一直在探索孤独的内涵。而他的创作手法可以说是极度的简约，绝对不繁复。他的作品如今在拍卖市场，都是收藏家梦寐以求的珍宝，一张作品的拍卖价格可高达 8000 万港币。

常玉有很多盆栽（图 16）、瓶花（图 17）的作品，可是画中的主角都不是花而是枝干，而枝干给人的是离根离土、繁华落尽的感觉。他充分地利用了西方的色彩，画的是典型的中国人自感非常渺小的心态，让人感到非常的孤独。

常玉的裸女画并不多，可以用八个字来形容："落落大方、色而不淫"。他假借女人的轮廓，来传达生命里温柔之美（图 18）（图 19）。盆花的作品我们看到的是萧条、孤独，而裸女画表达了常玉渴望温柔的心事，自然而不造作。《金毯上的四裸女》（图 20）是史博的镇馆之宝，四位裸女头脚相连层迭在地毯上，旁边还有一些福禄寿喜的符号，常玉认为饮食男女，其实和富贵名利是一样的，没什么特别了不起，也没什么特别不了不起，这一幅裸女就反映常玉对待情色的态度和心情。

常玉还有一些景物的画，背景都是旷野、阴郁的色调（图 21），有时是一只动物，有时是两只，通常不会超过两只。他画过马（图 22）、豹（图 23），还有象等，不管画什么动物，这些动物都是小小的，很疏离、茫然若失的感觉。常玉曾经和他的法国朋友说，这些动物就是我，描绘的就是我在人世之中的孤独。这也印证了，

图18　入浴／常玉　　　图19　红毯双美／常玉　　　图20　金毯上的四裸女／常玉

图21　新月／常玉　　　图22　双马／常玉　　　图23　双豹／常玉

虽然常玉画的是西画，但他还是表达出地地道道的中国人对生命的一种知觉，就是人来这个天地一趟，就只是天地的一粟而已。

常玉如果和徐悲鸿、林风眠一样学成就归国，一定会在中国的艺术史上发挥更大的作用。可是常玉此人，也存在着一些问题，我们称他为"美丽的失败者"，他不是世俗的人。给大家举例说两个故事。常玉在30多岁的时候，曾在法国小有名气，有法国的画商想帮他办展览，于是先给了他一笔钱，结果他拿着这些钱去花天酒地，时间到了画展也办不成，最后画商非常生气，就去栽培日本一个画家藤田嗣治，这个日本画家后来在法国非常有名。常玉因此失去了机会。还有一个故事，我们史博现在有52张常玉的画作，近年收藏了3张素描，其他49张都是上世纪60年代收集来的，当时台湾教育机构给了常玉400美金，说是资助的旅费，希望他回到台湾，由博物馆给他办展览。这在当时是很大一笔钱，结果常玉拿着这笔钱就和朋友玩乐去了，快到约定时间的时候，既没有旅费回来，还把护照也弄丢了。最后匆匆忙忙捆了40多幅画寄回来，这些画后来被移交给了史博馆。

我们现在哀叹常玉因为不懂人间的世故，有多少钱花多少钱，而且他画画有一个主张，觉得画不成熟就不要拿出去做画展，他这一辈子采取的是今朝有酒今朝醉的方式，想挥霍的时候就挥霍，想放纵的时候就放纵，当他真想要画画的时候才会去画画。为什么他的作品会这么容易感动人，到现在还有很多收藏家迷恋他的东西，看他的生平就可以了解他的创作非常的真实。所以常玉这52件作品，是史博的重宝。

史博还收藏了很多于右任（1879—1964）（图24）的书法。于右任曾经是中国同盟会的成员，也是爱国的报人，曾经在1907年到1912年间连续创办《神州日报》《民呼日报》《民吁日报》《民立报》等一系列报纸鼓吹革命。中华民国成立后，他做了很多大官。1922年创办了上海大学，任校长，曾长期担任监察院院长。晚年他到台湾，后来在台湾过世，葬在阳明山。于右任是山西人，生前一直想要回大陆，他们家的地毯破破烂烂一直没换，客人来家里问为什么，他回答说，这是我临时居住的地方，我还是想要回老家。当时有很多渡海的艺术家、政治家，都认为台湾只是临时落脚的地方，没想到却在台湾住了一辈子，最后都死在台湾。大家知道台湾有座玉山，海拔3997米，于右任死后，为尊重他遥望大陆"葬我于高山兮，望我大陆"之遗愿，在玉山主峰竖立了一座铜像，计3米高，但铜像1995年、1996年两次遭破坏，1996年5月初被整个拆除、丢入山谷，不知所踪。这竟是很多渡海的艺术家、学者在台湾的命运！

于右任是著名的书法家，创立了标准草书，长髯飘飘，是其一大特征。"不信青春唤不回，不容青史尽成灰。低回海上成功宴，万里江山酒一杯。"反映了那个时代他对时局的一些感叹。于右任在晚年为历史博物馆写的建馆记，是草书的绝品，也是史博的镇馆之宝。

于右任的《题拐子马图草书六联屏》（图25）是在书法界非常有名的作品，也是绝品。这幅作品是于右任为梁鼎铭的画作题的字，拐子马图描绘的是岳飞用拐子马大败金兵。

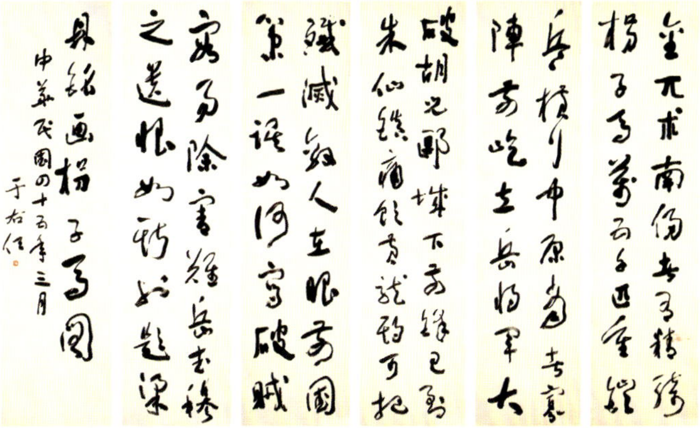

图24　张大千、于右任、刘延涛先生合影

图25　题拐子马图草书六联屏／于右任

2. 策展专业品牌

博物馆是历史变迁的产物，史博经历变迁，现在还活跃于博物馆界。开馆59年以来，使命与任务与时俱新，除史博自行研究规划特展之外，亦经常与大陆或国际博物馆合作，举办文物交流展与艺术展，建立史博在策展方面的专业品牌。

以下列举2013年之后史博重要特展如次：

2013年春天推出的"米开朗基罗：文艺复兴巨匠再现"展，展出米开朗基罗著名的雕塑、湿壁画、建筑等相关复制作品，更有首次来台曝光的书信、素描等14件手稿真迹。引领观众进入并发掘米开朗基罗血汗交融的艺术生命与心灵世界。

2013年暑假的"女人·小鸟·星星——米罗特展"，展出的86件作品分别来自西班牙巴塞罗那的米罗基金会，以及米罗家族的收藏，多为20世纪60、70年代风格成熟之作，以米罗创作的基本元素：女人、小鸟、星星为表现的主轴。

图27　偏乡学童参观"立体书的异想世界"和"小小罗浮宫"特展

图26　小小特派员　　　　　　　图28　行动博物馆

2013年年底至2014年寒假的"印象·经典——莫内特展",55件展品全部是马摩丹莫内美术馆藏品。这是巴黎一家小小的美术馆,原本并不收藏印象派作品,1957年和1966年两次特殊机缘,分别获得来自莫内家庭医生千金和莫内次子的捐赠,总计达300余件,一跃成为印象派作品收藏重镇,其中又以莫内作品为最精采。这次展览之所以难得,是因为其中许多展品都是莫内特别珍视、在死前最后一刻都还私藏在卧室的作品。开箱典礼时,该馆副馆长玛丽安·马提欧特别提到:这次特展有如受邀到莫内家里作客,主人把他心爱、最私密的藏品,都一一展现在客人面前。

2014年春天展出的"徐冰与孩子们的'木林森计划:台湾'特展"包括四个主题:主题一展出参与台湾木林森计划儿童的绘画作品,以及艺术家徐冰根据这些作品再创作的大型森林风景画,并配合声音及影像装置展现木林森计划在台湾屏东三地门种树的生长状况;主题二系以10项史博藏品作为实物教材,从文字与形象的关系角度,传达木林森计划的理念,使这些史博藏品通过徐冰再诠释,与当代社会产生联系,引导大众走近史博;主题三展出木林森计划2008年在肯亚实施的图文和影像,当年参与计划的肯亚儿童和树木现状的调查影像,呈现这个计划对儿童的影响;主题四是参与台湾木林森计划的国小儿童绘画作品拍卖区,展示这个计划如何利用"人、资金、树木"的循环概念,将"纸上的树变为真的树"。

(三)教育和文创营销活动

1. 丰富的教育推广活动

"史博小小特派员"冬令营(图26):为拉近小朋友跟史博的距离,我们每年为小学生举办"史博小小特派员"冬令营活动。他们之后成为史博派驻小学的特派员,以小朋友角度来介绍史博给同学们。

偏乡教育推广活动(图27):配合各项特展与民间公益团体合作,邀请偏乡地区学童来馆参观"小小罗浮宫"和"立体书的异想世界"特展。

行动博物馆(图28):史博两部行动博物馆都是进口大型货柜车,车长12.5米,宽2.5米,高2.4米。第一部行动博物馆从 2001 年、第二部行动博物馆从 2008 年启动偏乡服务。2012 年史博与邮政博物馆合作，第一部行动博物馆车以"中国历代钱币暨历史文物邮票展"巡回于南投县各乡镇，9 月上旬并参加文化部门于苗栗客家大院举办的文化行动列车大会师活动。全年度共服务中小学老师和学生约 5 万人次，一般民众约 3 万人次。2012 年第二部行动博物馆车以"台湾文物数字行动博物馆"为名，在苗栗县各乡镇展出。2014 年将结合行动博物馆累积的地方文化资源，与纸风车儿童剧团合作规划"天空下的笑颜——319 乡村儿童艺术工程"回家活动。

2. 文创营销活动

文创资源网：以典藏精品、合作机制、博物馆品牌、案例分享、常见问答等单元提供业界文创开发授权服务。

跨域加值合作案例 1：馆藏春秋战国时代蟠龙方壶，壶为早期酒器，艺术价值高，附龙耳、虎足造形及壶面纹饰可运用于设计上。金门高粱酒公司与史博合作，采用蟠龙方壶外形，内装精选酒质丰厚之窖藏陈年金门高粱酒，发展成可供典藏的蟠龙白玉高粱酒（图 29）。

图 29　史博与金酒公司合作文创商品

跨域加值合作案例 2：花东线铁路新城车站候车大厅公共艺术案，将使用史博馆藏马白水《太鲁阁之美》（二十四联作）画作。太鲁阁磅礴气势与特殊地理风貌，不但是世界级景观，也同样吸引着众多艺术家企图用各种艺术形式来歌颂、呈现已故大师马白水的巨作《太鲁阁之美》，以一件 24 幅可独观亦可共赏的彩墨联作，突破了当代水彩画格局，提供崭新的艺术创意与视觉经验，这件最具代表性的当代彩墨画巨作，为太鲁阁的胜景写下最雄浑的诠释。

3. 史博文创商品举隅

机场除了是台湾的门户，也是台湾的橱窗，机场收集了旅客走入台湾的第一瞥，以及离开时的最后一道秋波。史博于桃园国际机场、花莲机场、台北国际航空站（松山机场）、高雄国际航空站（小港机场）均设立有文化艺廊以展出馆藏精品，让海内外的旅客即使只是匆匆走过，仍能在琳琅满目的商品以外，感受到与众不同的文化气息与隽永气氛。

三、结语：史博的愿景

史博由于空间和腹地狭小，无法完全符合当代博物馆结合收藏、研究、展示、教育、休闲、娱乐，协助城市和文创产业发展等多元用途的需求。这不仅是史博困境，更牵涉到市民文化权、台北都会形象以及国际文化交流等重要课题。

目前正研拟计划，希望能结合附近南海学园特有人文和自然景观优势，构筑史博的崭新形象，一方面可以透过周边街道整理计划，结合小区文创产业活动，并可进一步与台北核心区串联，进行更有效动线建置，形塑文化聚落，厚植文化观光的能量。衷心期待南海学园这块宝地，能够早日脱胎换骨，再现新貌，为人民提供更多服务。

图书在版编目（CIP）数据

智造展览：博物馆馆长讲博物馆 2/ 上海博物馆，中国博物馆协会博物馆管理专业委员会编．—北京：北京大学出版社，2014.10
（博物新知丛书）
ISBN 978-7-301-24964-2

I. ①智… II. ①上… ②中… III. ①博物馆—介绍—中国 IV. ① G269.26

中国版本图书馆 CIP 数据核字（2014）第 231454 号

书　　名	智造展览——博物馆馆长讲博物馆 2
著作责任者	上海博物馆、中国博物馆协会博物馆管理专业委员会　编
主　　编	陈燮君
策　　划	郭青生　陈曾路
统　　筹	高秀芹
责任编辑	梁勇
特约编辑	杨烨旻　胡小静　吴时舟
书籍设计	上海豫珂文化传播有限公司
标准书号	ISBN 978-7-301-24964-2 / K・1068
出版发行	北京大学出版社
地　　址	北京市海淀区成府路 205 号　100871
网　　址	http://www.pup.cn　新浪官方微博：@北京大学出版社 @培文图书
电子邮箱	pkupw@qq.com
电　　话	邮购部 62752015　发行部 62750672　编辑部 62750883　出版部 62754962
印刷者	上海汉迪彩色印刷有限公司
经销者	新华书店
	787 毫米 ×1092 毫米　16 开本　10 印张　299 千字
	2014 年 10 月第 1 版　2014 年 10 月第 1 次印刷
定　　价	78.00 元

未经许可，不得以任何方式复制或抄袭本书部分或全部内容。
版权所有，侵权必究
举报电话：010-62752024　电子邮箱：fd@pup.pku.edu.cn